KB075323

초강 집공부

고교학점제, 강점찾기가 진짜 **선행학습이다**

초등강점 집공부

진향숙 * 지음

아이가 좋아하고 잘할 수 있는 일이 뭘까?

국제 바칼로레아(IB) 인증 초등학교 교사이자 세 아이 엄마의 특별 조언

유아이북스
Ultimate Information

잘하는 것 없는 아이, 어떻게 이끌어 줄까?

"저는 잘하는 게 없는데요?"

아이들 스스로 자신의 장점을 써 보는 시간, 한 아이가 손을 듭니다. 아이의 질문을 듣고는 가슴이 쿵 내려앉았습니다. 분명 사소한 것이라도 잘하는 것이 있을 텐데 몇몇 아이들은 적기 힘들어합니다. "네가 좋아하는 것을 적어도 좋아"라고 이야기하면 그제야 안도감을 느끼며 좋아하는 것을 몇 개 적습니다. 잘하는 것을 찾지 못하는 아이들도 좋아하는 것은 찾아냅니다. 학부모 상담 때도 비슷한 말을 자주 듣습니다.

"저희 아이는 잘하는 게 없어요."

원래 강점이라는 것은 쉽게 찾아지는 것이 아닙니다. 어른도 사실 자신의 뚜렷한 강점을 찾아내기 쉽지 않죠. 아직 세상 경험도 얼마 없는 아이들이 자신의 강점을 찾는 데 어려움을 느끼는 것은 당연합니다. 우리는 이제 질문을 바꿔야 합니다.

"너의 흥미는 무엇이니?"
"너는 무슨 일을 좋아하니?"

아이들의 관심사와 흥미에서부터 출발해 보세요. 아직 무한한 가능성이 있는 아이들이기에 먼저 '진짜로 좋아하는 일'을 함께 찾아 주면 됩니다. 그리고 그것을 강점으로 만들어 가 보는 겁니다. 잘하는 게 없는 아이도 좋아하는 것은 있으니까요.

우리도 경험하지 않았나요? 초·중·고·대학을 나와 직업을 가졌지만 마음 한구석에는 늘 빈자리가 있습니다. '지금 하는 일이 정말 나와 맞는 일일까?' 고민의 연속입니다. 우리 아이들은 달랐으면 합니다. 좋아하는 것을 찾아 직업으로 삼고 일에서 행복을 느끼며 살았으면 좋겠습니다.

갤럽의 설문 조사에 따르면, 일에서 강점을 잘 활용하는 사람의 경우 몰입 가능성은 여섯 배, 삶의 질이 높다고 답할 가능성은 세 배나 높다고 합니다. 또한 '가장 잘하는 일'에 관한 항목에 "그렇지 않다"나 "매우 그렇지 않다"라고 대답한 사람 중에 직장에 몰입해 성과를 올린 사람은 단 한 명도 없었다고 합니다.

얼마 전 지인의 경력직 입사 지원서를 본 적이 있습니다. 최종 학력란은 있지만 출신 대학을 적는 칸이 아예 없습니다. 이제는 학벌이 아닌 자신의 직무 능력과 이력으로 경쟁합니다. 명문대 졸업장이 취업 보증 수표가 될 수 없는 시대입니다. 산업화 시대의 인재를 기르던 입시 위주의 교육 방식으로 자신만의 특별함 없이 자란 사람은 인공지능 AI에 대체되기 쉽습니다.

아이들 생김새가 모두 다르듯 아이들의 강점도 모두 다릅니다. 그 강점을 찾아서 깊게 파 본다면 차별화된 경쟁력을 만들 수 있습니다. 미래 사회가 원하는 인재이며, 리더로 살아갈 수 있는 기회를 만드는 방법입니다. 전교 1등 성적보다 강점 1등을 만들어야 하는 이유입니다.

이 책에서는 아이가 좋아하는 것을 찾고 깊게 파 보면서 강점으로 만드는 집공부를 소개합니다. 저는 이것을 '초등강점 집공부', 줄여서 '초강 집공부'로 이름 붙였습니다. 직관적이고 쉬운 이해를 위해 본문에서는 '강점 집공부'로도 표현했습니다. 자연스럽게 아이의 흥미와 관심사를 따라가 보는 거지요. 이 공부는 매일 가르치고 채점해야 하는 공부가 아닙니다. 국영수처럼 부모가 교과 내용을 알고 있어야 가르칠 수 있는 공부도 아닙니다. 부모의 역할은 뒤에서 아이의 흥미와 관심사를 밀어 주는 것뿐입니다.

초강 집공부를 하면서 아이도, 저도 조금씩 변화를 겪었습니다. 아이의 경우, 학습에 대한 시선이 바뀌었습니다. 배움에 대한 긍정적인 마음과 주도성이 생겼지요. 엄마인 저는 아이를 바라보는 시선을 바꿀 수 있었습니다. '점수', '레벨'의 관점이 아니라 '성장'의 관점으로 내 아이를 보게 됩니다. 초강 집공부에는 내 아이가 경쟁에 매몰되지 않고, 소진되지 않기를 바라는 부모의 마음이 담겨 있습니다. 아이의 흥미와 관심사에 계단을 하나씩 놓아 주며 나아가는 '따뜻한 동행'입니다. 조금만 방심하면 중심이 흔들리기 쉬운 현실에서, 입시 위주의 교육에 아이를 내몰지 않겠다는 저의 다짐이기도 합니다.

초등학교 시기는 강점을 기르는 집공부를 하기에 최적의 시기입니다. 사고의 유연성을 가진 시기이기 때문에 여러 가지 시도를 해 볼 수 있어요. 학습에 대한 가치관을 만들어 가는 시기이며 여유로운 시간을 확보할 수 있는 좋은 시기이기도 합니다. 아직 입시로부터 마음의 여유도 있습니다.

학교에서는 한 명의 교사가 다수의 아이들을 가르칩니다. 아이 개개인의 관심사를 찾고 깊이 있게 발전시켜 주기가 사실상 힘듭니다. 학원에서도 할 수 없지요. 아이와 함께 가장 많은 시간을 보내는 사람인 부모가 가장 잘 도와줄 수 있습니다.

잘하는 게 없는 아이는 있어도 '좋아하는 것'이 없는 아이는 없습니다. 모든 아이들이 자기가 좋아하는 일을 찾아 행복한 어른으로 자라나기를 바라는 마음입니다. 그 마음을 담아, 저희 아이들과 좋아하는 것을 찾아 강점으로 만들어 가는 과정을 소개해 보겠습니다.

| 차 례 |

 국영수보다 강점이 중요한 시대　

 발견편 : 아이와 함께하는 강점 사냥

3장 흥미편 : 관심에서 자라나는 강점

4장 진로편 : 정말로 원하는 길을 찾아서

1장

국영수보다
강점이
중요한 시대

네 꿈이 뭐니?

"저는 꿈이 없는데요."

"저는 장래희망이 없어요. 아직 못 정했어요."

만약 내 아이가 이렇게 대답한다면 마음이 어떨까요? 속이 터지겠죠? 부족한 것 없이 먹이고, 입히고, 학원도 꼬박꼬박 보냈는데 뭐가 문제일까요? 해 달라는 것을 다 해 줘서 그러는 건지 도대체 간절함도 없는 것 같고 답답합니다.

새 학년이 되면 아이들에게 꼭 물어봅니다. "네 꿈은 뭐니? 종이에 적어 볼까?" 아이들은 작은 종이에 자신의 장래희망을 적습니다. 장래희망을 그린 그림과 함께 교실 뒤 게시판에 붙입니다. 그런데 해마다 꼭 한두 명의 아이는 이 활동을 난감해합니다. 그런 아이들에게는 좋아하는 것을 적으라고 이야기해 줍니다. 장래희망을 적기 어려워하는 아이들도 좋아하는 것은 적어 냅니다.

아이들의 꿈을 물어보는 이유는 두 가지입니다. 첫째는 성향입니다. 축구 선수가 꿈인 아이들은 대부분 활발합니다. 화가가 되고 싶은 아이는 차분한 아이일 가능성이 높습니다. 이처럼 만난 지 얼마 되지 않은 아이들의 특성을 빠르게 이해하는 데 도움이 됩니다. 둘째는 성장입니다. 꿈이 있는 사람은 그 꿈을 이루기 위해서 노력하게 되지요. 새로운 시작 앞에서는 누구나 새로운 의지를 다집니다. 아이들은 새 학년의 시작 시점에 자신의 꿈을 상기시켜 보면서 한 해 동안 열심히 배우고 성장하겠다고 다짐할 수 있어요.

몇몇 아이들은 아직 꿈이 없고, 아이들에게 꿈은 막연한 미래일 수도 있습니다. 어떤 아이들은 자기가 진짜 하고 싶은 일보다 부모나 주변 어른들의 반응에 영향을 받아 장래희망을 정하는 경우도 있습니다. 여러 매체를 통해 긍정적으로 비춰지는 직업을 자신이 좋아하는 일이라고 착각하며 간판처럼 내세우고 있는지도 모릅니다. 장래희망이라고 적긴 했지만 사실 아이 스스로가 정말 원하는 꿈인지도 잘 생각해 보아야 하는 것이지요.

진짜 꿈을 찾도록 도와주는 것은 아주 어려운 일입니다. 어른인 우리에게도 미결 과제인 경우가 많지요. 그러니 "장래희망은 부모님이나 어른들이 원하는 꿈이 아니라 너희들이 진짜 원하는 꿈을 말하는 거야"라고 조언해 줄 수 있을 뿐입니다.

"우리 아이는 잘하는 게 없어요."

"꿈이 있어야 목표도 있고, 목표가 있어야 아이가 공부를 할 텐데 잘하는 것도 없고, 되고 싶은 것도 없다고 하니 걱정이에요."

부모 입장에서도 마찬가지입니다. 학부모 상담을 하다 보면 아이가 잘하는 것이 무엇인지 고민하시는 분들이 적지 않습니다. 아이의 꿈과 목표가 없어서 걱정입니다. 이런 고민을 해결해 가기 위해서 초등학교에서도 적은 시수지만 진로 수업이 이루어지고 있습니다. 학교마다 조금씩 다르지만 대개 학년별로 연간 5~10시간 정도 진로 수업을 받습니다. 나의 강점, 약점을 알아보는 수업에서부터 진로 주간 운영, 진로 체험 부스 설치, 외부 강사 초청 등의 프로그램을 운영하고 있습니다. 초등학교 6년에 걸쳐 다양한 진로 체험 활동이 이루어지도록 진로 지도에 나서고 있지요.

하지만 아이들 개개인이 모두 진로를 찾기에는 턱없이 부족한 시간입니다. 재능이나 강점이 드러나고 꿈이 뚜렷한 아이들은 적은 시수의 학교 진로 수업을 통해서도 진로를 찾고 도움을 받을 수 있을 것입니다. 문제는 그렇지 않은 경우입니다. 시간적인 여유를 가지고 충분히 고민하고 생각하면서 여러 가지 체험과 도전을 통해 아이가 자신의 흥미, 강점을 찾아야 하기 때문입니다. 학교 수업 대부분이 교과 중심으로 이루어져 있고, 한 명의 선생님이 다수의 아이를 동시에 가르쳐야 하는 한계도 있습니다. 개개인의 특성에 모두 맞추는 수업은 불가능하지요.

좀 더 세심하게 아이의 강점을 찾아 능력을 개발하는 집공부는 학교 공부에 비해 개별성과 연속성을 확보할 수 있습니다. 가정에서는 내 아이에게 온전히 집중할 수 있다는 큰 장점이 있습니다. 학교 수업처럼 시간이 정해져 있지 않으니 시간적 제약도 덜합니다. 하교 후나 주말, 방학 등 마음만 먹으면 시간적인 여유를 만들 수가 있어요. 아이와 부모의 관심과 의지만 있다면 아이가 잘하는 것, 좋아하는 것을 찾아 강점으로 만들 수 있습니다.

인지심리학자 김경일 교수는 "진로라는 것은 빨리, 쉽게 찾을 수 없다"라고 말합니다. 오래 전이라 잊어버렸지만, 생각해 보면 우리도 그랬던 것 같습니다. 장래희망을 쓰라고 할 때 막막하지 않으셨나요? 전공을 정하고 직업을 선택하는 것이 어렵지 않으셨나요? 저희 집에는 아직도 40년 넘게 꿈을 찾지 못한 사람이 함께 살고 있습니다. 어른도 그런데 인생 경험이 더 적은 아이들은 어떨까요? 꿈을 묻는 질문에 대답하기 어려운 게 당연합니다. 그러니 우리, 질문을 바꿔 보면 어떨까요?

"무엇을 좋아하니?"
"무엇이 재미있니?"

잘하는 게 없는 아이들도 좋아하고 재미있는 일은 스스로 잘 찾을 수 있습니다. 여유 시간이 생겼을 때 아이가 하고 싶은 일, 실제로 여유 시간을 할애하고 있는 일을 찾으면 되기 때문입니다. 어떤 아이는 축구가 될 수도 있고 종이접기, 독서, 피아노 치기, 친구와 수다 떨기 등 다양한 것들이 될 수 있겠지요. 아이들 스스로 쉽게 찾아냅니다.

무엇을 좋아하냐는 질문에 대답할 수 있는 아이로 기르는 것, 그리고 그것을 조금 더 깊이 있고 꾸준하게 해 나가면서 강점으로 만드는 것이 바로 '강점 집공부'입니다. 그런데, 여기서 '취미가 어떻게 밥벌이가 되나?'라는 의문이 생길 수도 있습니다. "밥을 먹고 살려면 안정된 직장이 있어야지"라고 반박하는 분도 계실 거예요.

많은 미래학자들이 미래에 우리 아이들은 일생동안 여러 번 직업을 바꾸게 된다고 합니다. 지금보다 세상의 변화가 더 빨라지기 때문이죠. 몇 년 전만 하더라도, 줌Zoom으로 하는 수업과 회의가 일상이 되리라고 상상이나 했을까요? 아무도 예상하지 못했을 겁니다. 코로나 바이러스로 인해 변화는 더 앞당겨졌다고 이야기합니다. 누구도 우리 아이들이 살아갈 미래 세상에 대해 알지 못합니다. 인공지능 로봇에 의해서 일자리가 많이 대체될 것이라고 예측할 뿐이지요. 하지만 확실한 것은 변화한다는 것입니다.

취업 시장에는 벌써 변화가 감지되고 있습니다. 대기업은 대규모의 신입사원 공채를 줄이고 있습니다. 공채를 통해 신입사원을 각 부서에 배치하는 방식 대신 필요한 인력을 지원자의 이력을 보고 뽑는 경력직 채용이 늘어나기 시작했습니다.

고도의 성장기였던 과거에는 회사도 많이 생겨나고 규모도 커지니 많은 인력이 필요했습니다. 그에 따라 정기적으로 대규모의 신입사원 공채가 있었죠. 하지만 이제는 우리나라도 저성장 시대로 접어들었습니다. 기업의 성장세가 둔화되는데 기존 인력은 해고할 수도 없습니다. 자연스럽게 신입사원 공채가 줄고, 결원이 생기면 빈자리를 채워 넣는 경력직 채용이 늘어납니다. 블라인드 입사 시험도 점점 확대되고 있지요. 학벌보다는 그 사람의 이력을 봅니다. 이 사람이 해당 직무와 관련된 경력이나 경험이 있는지를 더 중요하게 생각합니다.

이제는 일자리가 일대일 매칭입니다. 그 자리에 적합한 사람이 되어야 하는 것입니다. 남들과 같이 입시 위주의 공부만 해서 이런 매칭이 가능해질까요? 다른 사람과 차별화된 자기만의 이력을 탄탄하게 만드는 것이 더 경쟁력 있어 보입니다.

일의 의미도 변화하고 있습니다. 축구 경기 하이라이트 분석만 잘해도, 종이접기만 잘해도, 나만의 독서법만 있어도 유튜브나 블로그 활동, 강의 등으로 먹고살 수 있는 세상입니다. 아이가 좋아하는 것을 찾고 그것에 오랜 시간을 들여 자신의 강점을 만드는 강점 집공부를 해야 하는 이유입니다.

전교 1등 엄마 아빠의 방황

저는 초등학교 6학년 때 중학교 입학 준비로 입시 학원에 다녔습니다. 중학교 국어 수업 진도를 나가던 어느 날, 선생님께서 하시는 질문에 대답을 잘하고 있는 저를 스스로 발견합니다. 칭찬받는 일도 많아졌지요. 그 덕분인지 공부가 재미있어지기 시작했습니다.

"중학생이 되면 열심히 해야 한다", "중학교에 가면 성적이 많이 떨어진다"라는 선생님들의 말씀에 중압감을 느낀 저는 학교와 학원을 오가며 열심히 공부했습니다. 첫 중간고사 성적표가 나오기 전날 밤, 꿈을 꿨습니다. 꿈속의 제 성적표에는 전교 1등이라는 등수가 적혀 있었어요. 꿈이었지만 하도 신기해서 아직도 어렴풋이 기억에 남아 있습니다. 다음 날 학교에서 성적표를 받는데 정말 전교 1등이라고 적혀 있었어요. 그날 저녁, 가족들과 함께 치킨을 시켜 먹었던 기억이 납니다. 그날부터 저는 엄마와 아빠, 담임 선생님의 기대를 한몸에 받게 되었습니다.

그 후 언제부터인지 모르겠지만 시험에 부담감이 생기기 시작했습니다. 부담은 점점 커졌고 고입 시험이 있던 날, 저는 1교시 국어 시험에서 시험 문제를 다 풀지 못했습니다. 고등학교 입학 후에도 시험 시간에는 늘 흔들리는 멘탈과 싸워야 했습니다.

성적은 조금씩 떨어졌습니다. 욕심만큼 성적이 나오지 않으니 더 성적에만 집착했던 것 같아요. 그 시기에 해야 할 독서나 자아 탐색처럼 인생에서 더 중요한 것들은 돌아볼 여유가 없었습니다. 오직 성적만을 쫓으며 학창 시절을 보냈습니다. 초등학교 시절부터 장래희망 칸에 적던 '교사'가 되고 싶었거든요. 그렇게 입시만을 위해 달렸는데 수능 시험 당일, 시험 시간 안배에 대한 트라우마로 언어영역 한 지문을 통째로 날렸습니다. 그 영향이 마지막 시험 시간까지 이어졌습니다.

원하던 대학은 합격이 어려웠고 점수에 맞춰 입학했습니다. 그래도 졸업 후 장래희망 칸에 늘 적었던 '초등학교 교사'가 되긴 했습니다.

"너는 그래도 대입, 임용고시 합격부터 발령까지…. 실패 한 번 없이 탄탄대로로 잘나가는 인생이다."

친구가 했던 말이 기억납니다. 남들이 보면 그렇게 생각할 만도 합니다. 눈에 보이는 큰 실패 없이 꿈도 이루었으니까요. 그런데 정작 저는 발령 이후 '어른춘기'를 맞았습니다. 공부하느라 별다른 사춘기 없이 지나간 10대의 사춘기 청구서를 20대 중반에 받게 된 거예요. 청구서의 이자는 생각보다 컸습니다. '나는 어떤 사람인가?'에 대한 제대로 된 성찰 없이 무턱대고 초등학교 때부터 생각해 왔던 꿈 하나를 향해 입시에만 매달린 대가였습니다.

첫 발령을 받고 학교에 '출근'해 보니 교생 실습 때 보던 학교는 진짜 학교가 아니었습니다. 잠시 손님으로 있었던 학교에서는 아이들이 다 예뻐 보였고, 애먹이는 아이도 별로 없었어요. 수업하는 것도 재미있고 아이들 하나하나 눈 맞추며 이야기하는 것도 참 좋았습니다. 그런데 왜 현실은 다를까요? 막상 내 직장이 되니 그런 것이었을까요?

실습 때는 경험해 보지 못했던 각종 담임 업무, 학교 업무, 학부모와의 관계, 동료 교사와의 관계 등 무엇 하나 쉬운 일이 없었습니다. 아무도 교사가 이런 일까지 해내야 한다는 것을 알려 주지 않았어요. 그리고 저 또한 교사가 하는 일에 대해 자세히 알아볼 생각조차 하지 않았던 겁니다. 겉으로 보이는 '수업하는 모습'만 보고 직업을 선택한 것이죠.

퇴근을 기다리고, 방학을 기다렸습니다. 어떤 일을 해도 흥이 나지 않고, 무엇을 먹어도 맛이 없고, 누구를 만나도 즐겁지 않았습니다. 내 삶의 방향을 잃어버린 느낌이었습니다. 입시, 임용고시라는 이정표가 있는 인생을 살아오다 이정표도 없는 오지에 혼자 버려진 것입니다. 남들이 부러워하는 안정된 직장이었지만 저의 고민은 끊이지 않았습니다.

'교사, 정말 나에게 맞는 직업일까?'

'나는 이제 어떻게 살아가야 하지?'

교사를 꿈꾸기만 했지, 교사가 내가 정말 좋아하는 일인지, 내가 잘할 수 있는 일인지 생각해 본 적이 없었던 것 같습니다. 그 누구도 "교사가 정말 네가 좋아하는 일이니? 잘 할 수 있는 일이니?"라고 물어보지 않았습니다. 12년의 세월을 장래희망 하나만 가지고 입시에만 몰두한 결과입니다.

저희 남편은 꿈이 없었던 전교 1등이었습니다. 그 결과, 친구 따라 강남에 가 버렸습니다. 그 이야기를 한번 풀어 볼까 합니다. 남편은 시골 바닷가 마을에서 자랐지만 어릴 적부터 공부는 꽤 했나 봅니다. 도 대표로 수학 경시대회도 나가곤 했다고 해요. 중학교에 가서는 전교 1등도 했습니다. 비평준화였던 시절, 지역 내 최고 명문 고등학교에 진학하여 상위권을 유지하며 공부했습니다. 그런데 특별히 꿈이 없었다고 합니다. 본인 스스로 '무엇이 되고 싶다'고 생각해 본 적이 없답니다. 피를 보는 것이 싫어서 의대는 가기 싫었다고 해요. 어느 대학을 갈까 생각하던 중, 사촌 형이 공대에 입학하는 것을 보고 본인도 공대를 가야겠다고 결심했습니다. 수능 시험이 끝나고 남편의 제일 친한 친구가 SKY 중 한 군데의 공대에 특차 원서를 넣었습니다. 그 소식에 남편은 서울대 정시는 논술 준비하는 게 싫다며 친구 따라 강남에 가 버렸습니다.

그리고 졸업 후, 별다른 스펙 없이 대학 졸업장으로 대기업에 입사를 합니다. 남들이 부러워하는 SKY 대학 졸업, 대기업 입사. 그렇지만 새로운 프로젝트가 시작되면 밤 12시 넘어서까지 일해야 하고, 업무가 휘몰아치는 시기에는 야근이 이어집니다. 경력이 쌓일수록 업무의 양은 늘어나고 책임과 무게도 늘어납니다. 야근하는 날도 자연스럽게 늘어납니다. 회사의 부속품이라는 생각이 커져 갑니다. 매일 아침 눈 뜨면 무거운 발걸음을 옮기며 출근해야 하는 일상이 기다립니다.

우리 사회가 그려 주는 큰 그림대로 저희 부부는 학창 시절 내내 열심히 공부했습니다. 비교적 좋은 성적도 받았습니다. 좋은 대학에 가서 우리 사회에서 선호하는 직업도 얻었습니다. 하지만 저희는 휴가를 기다리고 방학을 기다리는 평범한 회사원일 뿐이었습니다. 과중한 업무에 시달릴 때는 스스로 마음을 다독이는 말을 하곤 합니다. "직장이 재미있으면 월급을 받는 게 아니라 돈 내고 다녀야 해. 에버랜드처럼." 남편은 좋은 대학을 가기 위해 어릴 적부터 입시에 매달리는 요즘의 현실에 대해 고개를 젓습니다.

"학벌이 중요한 시대는 이제 지난 것 같아. SKY가 무슨 소용이야."
"왜?"
"요즘 이력서에 출신 대학 안 쓰는 곳도 많은데, 뭐. 꼭 SKY 나오지 않아도 같은 회사에 잘 취직해서 다니기도 하잖아. 그리고 그분들 중에 훨씬 더 일 잘하고 똑똑한 사람도 많아. 학벌하고 사회에서의 성공은 다른 영역인 것 같아. 자기 특기 잘 살린 사람들 봐. 그런 사람들이 더 성공하고, 더 즐겁게 살지."

우리 아이들은 저희 부부와 달랐으면 합니다. 가장 즐겁고, 가장 잘할 수 있는 일을 찾아 그것을 직업으로 삼았으면 좋겠습니다. 그렇게만 된다면 보다 행복한 직업 생활이 될 것입니다. 인생에서 많은 시간을 차지하는 '일 하는 시간'이 즐거웠으면 좋겠습니다. 그렇기 때문에 어릴 적부터 아이가 좋아하는 일을 찾아 그와 관련된 많은 것들을 경험하고 알아가도록 도와주고 싶습니다. 초등학교 6년, 중학교 3년, 고등학교 3년, 대학교 4년, 총 16년이라는 긴 시간 동안 입시만큼이나 아이의 강점을 고민한다면 가능하지 않을까요?

20년 관심사, 직업이 되다

이번에는 고등학교부터 단짝이었던 제 친구 한 명을 소개해 보려고 합니다. 독특한 이력의 친구인데요. 일반 인문계 고등학교에서 음대 지망생임에도 이과를 선택했습니다. 일반 전공으로 대학에 진학하는 아이들도 이과 공부는 어렵다고 잘 선택하지 않아요. 게다가 음대 지망생이 이과를 선택하는 경우는 더 드물지요. 그런데 이 친구는 수학 공부를 어려워하면서도 단지 '과학'이 좋아서 이과를 선택했습니다. 심지어 저와 함께 과학 동아리의 '열심 회원'이 될 만큼 열정적으로 활동했지요. 이때부터 친구는 남달랐던 것 같습니다. 대학 입시에서 '성적'을 잘 받기 위한 틀에 갇히지 않고 '내가 좋아하는 공부'를 택한 것입니다. 수학의 어려움 때문에 이과를 선택하지 않을 것 같은 친구가 좋아하는 과학 때문에 이과를 선택했습니다. 자신의 약점보다는 강점에 중점을 둔 것이죠.

이 친구가 다섯 살 때부터 좋아했던 것이 있어요. 피아노와 노래였습니다. 결국 성악 전공으로 음대에 진학했고, 어릴 때부터 매일 연습하던 피아노도 놓고 싶지 않아 피아노까지 복수 전공을 했습니다.

"나 원장님 됐어!"

어느 날 갑자기 친구에게 전화가 왔어요. 친구는 피아노 학원에서 일을 하며 혼자 학원 개원을 준비하고 있었던 겁니다. 20대 어린 나이에 원장님이 된 친구를 돕기 위해 여러 친구들이 힘을 모아 페인트칠도 같이 하고, 학원 창문과 계단에 시트지도 붙였던 기억이 납니다. 자기가 제일 좋아하는 일, 제일 잘하는 일을 직업으로 삼은 것이지요.

피아노와 노래뿐 아니라 드럼, 기타 등 여러 분야에 관심을 가지고 배울 정도로 음악에 대한 열정이 넘치던 친구는 그런 본인의 강점을 살려 학원을 운영했습니다. 다른 경쟁 피아노 학원에서 피아노, 리코더 정도의 악기를 다룰 때 이 친구는 성악, 드럼, 기타 수업 등의 특강을 열었습니다. 뛰어난 실력에 더해 이 친구의 또 다른 강점인 '다정다감한 성격'은 아이들을 가르치고 학부모와 상담하는 데 많은 이점이 되었습니다. 코로나바이러스로 다른 학원들이 문 닫을 때, 음대 입시 레슨까지 하면서 동네 1등 음악 학원이 되었지요.

친구의 열정은 여기에서 그치지 않았습니다. 좋아하는 노래를 꾸준히 하면서 공연 무대에 올랐고 음반을 내게 되었습니다. 음반을 내자 공연 활동도 더 늘어났지요. 최근에는 이런 친구의 여러 이력을 보고 한 대학에서 강사 자리를 주었다고 합니다.

네모아저씨를 아시나요? 종이접기를 좋아하는 저희 아이들 덕분에 알게 된 분입니다. 종이접기 분야의 넘버원 유튜버예요. 네모아저씨는 좋아하는 취미를 직업으로 만든 사람 중 한 명입니다. 자동차, 팽이, 비행기 등을 접는 방법을 개발하여 유튜브 채널을 운영 중이고, 종이 접기 책도 집필하고 있지요. 한번은 목표 구독자 수 달성 기념으로 진 행된 라이브 방송을 시청한 적이 있습니다. 네모아저씨는 어릴 때부 터 종이접기를 좋아했다고 해요. 그래서 종이접기를 많이, 오랜 세월 에 걸쳐서 했고 그러다 보니 스스로 종이접기를 연구하는 단계까지 이 르렀다고 합니다.

앞서 말한 두 사람의 공통점이 보이시나요? 자신이 좋아하는 일을 찾았고 그것을 오랜 시간 꾸준히 해 왔습니다. 그리고 그것을 자신의 강점으로 만들었습니다. 세상에는 피아노와 노래를 좋아하는 사람들 이 수없이 많고, 종이접기를 좋아하는 사람들도 수없이 많습니다. 보 통 사람과 이 두 사람이 달랐던 점은 좋아하는 일을 단순한 취미로만 두지 않고 오랜 시간 그 일을 하면서 강점으로 만들었다는 것입니다. 그 결과, 훌륭한 성과까지 자연스럽게 따라왔습니다. 이 두 사람이 처 음부터 관심사가 직업으로 연결되리라고 생각하지는 않았을 것입니다. 자신의 강점을 잘 살린 결과입니다.

　이렇게 강점을 잘 살린 사람들의 공통점이 또 하나 있습니다. 자신이 하는 일에 대한 만족도가 아주 높다는 것입니다. 취미도 직업이 되면 재미가 없어진다고 하는데 직업 만족도가 높습니다. 좋아하는 일을 하니 몰입도가 높아지고 자연스럽게 성취도가 올라가지요. 행복지수도 높을 수밖에 없습니다. 앞서 소개한 두 사람은 일찍부터 자기 자신의 강점에 집중해 온 선구자들입니다.

잘 먹기만 해도 돈 버는 세상

여러분은 라이스워크Rice Work를 하고 계신가요, 라이프워크Life Work를 하고 계신가요? 이 단어들은 《열 살, 좋아하는 것을 강점으로 만드는 15가지 방법》에 등장합니다. 아이의 책을 읽어 보다가 눈에 쏙 들어 온 단어입니다. 라이스워크는 먹고 살기 위해 하는 일을 말해요. 우리가 흔히 생각하는 일의 관점입니다. 일은 돈을 벌기 위한 수단이기 때문에 어려움이 따를 수밖에 없다고 여깁니다. 일 자체에 큰 기쁨과 즐거움을 기대하지 않고, 일을 해서 번 돈으로 여행을 가거나 맛집을 찾아다니고 쇼핑하는 것으로 만족하지요. 반대로 라이프워크는 일 자체에서 열정과 기쁨을 느끼고 좋아하는 것을 일로 만든다는 관점입니다. 인생을 걸고 추구하고 싶은 일, 노력하고 고생하는 것마저 즐길 수 있게 해 주는 일을 말합니다.

많은 사람들이 라이스워크에 더 무게 중심을 두고 있을 것이라고 생각합니다. 저 또한 이 질문에 자유롭지 못합니다. 이상적인 이야기일

◈ 인생 80년 소비기간

출처: 더 선(The Sun)

순위	활동 내용		평생 기간	시간(Hr)
1	일하는 시간		26년	227,760
2	잠자는 시간		25년	239,000
3	TV 보는 시간		10년	87,600
4	먹는 시간		6년	52,560
5	통화하는 시간		4년	35,040
6	화장실에서 보내는 시간		3년	26,280
7	부엌에서 보내는 시간	남자	1년 3개월	10,800
		여자	2년 5개월	21,840
8	기다리는 시간		2년	17,520
9	화내는 시간		2년	17,520
10	이성을 바라보는 시간	남자	1년	8,760
		여자	0.5년	4,320
11	몸단장 시간	남자	46일	1,104
		여자	136일	3,276
12	미소 짓는 시간		88일	2,112

지는 모르겠습니다만 우리 아이들은 라이스워크보다 라이프워크를 선택하기를 바랍니다. 인생의 많은 시간을 일하면서 보내는데, 그 시간이 행복하지 않다면 절반뿐인 행복이니까요. 영국의 타블로이드 신문 '더 선The Sun'에 따르면 평균 수명을 80년으로 보았을 때 그중 일을 하는 시간은 26년이라고 합니다. 우리 아이들은 100년을 산다고 계산하면 32~33년을 일하는 데 쓰게 됩니다. 그보다 수명이 더 길어진다면 좋아하지 않는 일을 하면서 소모해야 할 시간은 더 길어지겠지요.

인지심리학자 김경일 교수도 '진로레시피' 유튜브 강의에서 비슷한 맥락의 이야기를 합니다.

"5년 후, 10년 후 어떻게 변화할지 아무도 모릅니다. 그래서 자녀의 진로와 적성에 기반한 역량을 키우는 것과 단순히 기술과 지식을 익히는 것에는 엄청난 차이가 납니다. 우리 아이들은 140살까지 삽니다. 재수 없으면 150살까지 삽니다. 우리 인간들은 이미 호모 헌드레드예요. 우리 아이들은 이 순간부터 100년을 넘게 살아야 해요. 어마어마한 장거리 레이스를 살아야 합니다. 100년 전 우리 인류는 몇 살까지 살았을까요? 40세 초반에 거의 다 죽었어요. 40살이 수명이었을 경우 좋아하는 걸 할 여유가 있었을까요? (…) 몇 배를 더 살아야 하는 우리 아이들이 자기가 싫어하는 일, 자기에게 맞지 않는 일을 해야 한다면 얼마나 큰 고통일까요? 학자들이 왜 '재수 없으면 150살까지'라는 말을 쓰는지 주목하셔야 합니다. 불행하게, 지루하게, 의미 없이 하기 싫은 일을 하면서 살아가면 예전에는 20년의 지옥을 경험하면 됐지만 지금은 100년의 지옥을 경험해야 합니다. 좋아하는 것을 하는 건, 굉장히 준엄한, 오래 사는 우리 호모 헌드레드의 숙명이자 임무예요. 옵션이 아니라는 이야기예요."

그래서 저는 아이들이 라이프워크를 선택하도록 도와주고 싶습니다. 그렇다면 어떻게 도와주어야 할까요? 김경일 교수는 아이들의 진로를 단기적 관점이 아닌 장기적 관점에서 바라보아야 한다고 말합니다. 그리고 이런 마음가짐을 유지하기 위한 좋은 팁으로 '내 아이가 20대 후반에 대학을 가도 괜찮다는 마음가짐을 스스로에게 던져 보기'

를 추천합니다.

"왜 내 아이는 19살, 20살에 꼭 대학을 가야할까요? 내 아이와 같은 반 친구들이 그 나이에 가기 때문 아닌가요? (…) 인지심리학적 관점에서 인생에서 무엇, 무엇을 해야 할 때가 있다는 말은 이제 그렇게 쓸모 있는 말이 아닙니다."

라이프워크를 찾기 위해서는 입시를 넘어 장기적인 관점으로 아이의 진로를 바라보되, 아이가 현재 좋아하는 일을 충실하게 해 보도록 도와주는 것이 해답이 아닐까 생각해 봅니다. 꾸준히 아이가 좋아하는 일을 찾고 그것을 오랜 기간 하다 보면 경쟁력 또한 갖추게 될 것입니다.

최근 창업 시장의 글로벌 트렌드 중 하나는 하비프러너Hobby-preneur입니다. 취미와 추구하는 사람이라는 말의 합성어로 취미를 발전시킨 창업이라는 뜻입니다. 취미Hobby를 직업Occupation으로 가지는 호큐페이션Hoccupation을 선택하는 사람도 늘고 있습니다. 일의 의미를 '행복 추구'라는 본질에서 찾으려고 하는 사람들입니다.

이제는 더 이상 좋아하는 것을 '취미'로만 해야 하는 시대가 아닙니다. SNS가 발달하면서 자기가 좋아하는 것을 알리고 그것을 수익으로 만들 수 있는 다양한 방법이 생겼습니다. 먹는 것만 잘해도 직업이 되는 세상입니다. '먹방'이라는 신조어는 이제 세계적인 키워드가 되었어요. 잘 먹는 사람이 맛있게 먹는 모습을 촬영해 유튜브에 영상을 올리고, 구독자 수가 늘어나면 유튜브 광고를 달아 수익을 창출합니다. 자신의 유튜브 채널을 통해 식당이나 식품을 광고하고 광고료를 받기도 하지요.

글을 쓰는 것을 좋아하는 사람은 글쓰기로 돈을 법니다. 관심 있는 분야의 글을 써서 블로그에 올립니다. 꾸준히 글을 쓰다 보면 팬들이 생기기 시작합니다. 블로그 이웃 수가 늘어나면 광고 수입을 얻을 수 있고 블로그를 키운 비법, 글쓰기에 대한 책을 내거나 강의를 합니다. 블로그로 돈 버는 자신만의 노하우를 다른 사람들에게 알려 주면서요. 예전에는 글을 잘 쓰면 주로 어떤 직업을 가졌나요? 작가나 기자, 글쓰기 선생님이 되는 것 정도 밖에는 없었습니다. 문단에 등단하거나 책 출간으로 돈을 벌었는데 그마저도 생계를 유지하기에는 어려운 경우도 많았지요. 하지만 지금은 글만 잘 써도 먹고사는 데 지장 없는 세상이 되었습니다.

물론 '그런 일은 안정적이지 않다'라는 의견도 있습니다. 하지만 우리나라가 저성장 사회에 접어든 지금, 정기적으로 신입사원을 채용하던 고성장 시대와는 일자리의 의미가 달라질 것입니다. 이미 '긱 이코노미gig economy'는 시작되었습니다. 임시로 하는 일이라는 뜻의 '긱gig'과 경제를 뜻하는 이코노미economy의 합성어로, 필요에 따라 일을 맡기고 구하는 경제 형태를 '긱 이코노미'라고 합니다. 1920년대 미국 재즈클럽에서 연주자를 구할 때 파트타임 형식으로 구하던 것에서 유

래한 단어라고 해요. 정규직 직원을 뽑는 것이 아니라, 기업에서 그때
그때 필요한 인력을 잠깐씩 고용해서 쓰는 형태입니다. 자신의 재능,
취미로 '부캐'♦를 이용해 여러 일을 하는 N잡러도 늘어나고 있습니다.
이런 긱 이코노미, N잡러는 이미 온라인 플랫폼을 통해 실현 중입니
다. 크몽, 오투잡, 크레벅스, 숨고, 재능인, 배민커넥트, 쿠팡플렉스
등을 예시로 들 수 있어요. 인터넷의 발달로 휴대폰 하나로 노동자와
고용자가 연결되는 세상입니다.

이는 또 다른 경쟁을 불러올 수 있습니다. 언젠가는 전 세계의 사람
들과 일자리를 경쟁해야 하는 일이 생길지도 몰라요. 기업 입장에서는
우리나라의 값비싼 노동력을 사용하는 것보다 중국이나 베트남 등지
의 값싼 노동력을 사용하는 것이 더 이득이 될 테니까요. 코로나 사태
로 이미 재택근무도 효율이 높다는 경험치를 가지고 있으니 굳이 한국
사람을 고용할 필요가 없어질지 모릅니다.

나와 같은 일을 본업이 아닌 부업으로 둔 사람과도 경쟁해야 합니
다. 어쩌면 부업으로 하는 사람의 실력이 더 뛰어날 수도 있습니다. 본
업은 따로 가지고 있으면서 취미로 웹 디자인을 하는 사람의 실력이
전업 웹 디자이너보다 뛰어날 수 있지요. 그렇다면 부업으로 하는 사
람의 입장에서는 새로운 소득 창출 기회가 생기겠지만 전업으로 하는

♦ 게임 용어인 '부캐릭터'의 준말로, 취미나 부업 등을 칭한다. 본래 직업을 '본캐릭터'의 준말, 본
캐라고 한다.

사람에게는 경쟁자가 더 늘어나게 되는 셈입니다.

그러니 앞으로의 세상은 본인만의 경쟁력을 갖추어야 합니다. 이제는 학력보다 본인이 해 온 이력, 실력이 중요해집니다. 예전처럼 하나도 모르는 신입사원으로 입사해서 일을 배우면서 월급을 받고 승진하는 것이 통하지 않는 세상이 올지도 모르겠습니다. 한 분야에 시간을 들이고 세월을 쌓아야만 하는 것이지요. 그렇다면 좋아하는 일을 찾아야 합니다. 그래야 오랜 기간 해낼 수 있으니까요. 한 가지 일에 대한 오랜 경험이 있다는 것만으로도 경쟁력이 될 수 있습니다. 일에 대한 나만의 노하우, 콘텐츠가 있다면 자연스럽게 사람이 모이고 소득으로 이어지는 시대입니다. 아이들이 좋아하는 것을 꾸준히 찾고 그것에 오랜 시간을 투자해 보는 경험, 강점 집공부를 하게 된 또 하나의 이유입니다.

저는 반 아이들과 해마다 '모두 다 꽃이야'라는 노래를 부릅니다. 노래에 나오는 '꽃'이 반 아이들 한 명, 한 명 같아서 이 노래를 부를 때면 괜히 가슴이 뭉클해집니다. 엄마가 되어 아이를 낳고 기르면서 반 아이들을 바라보는 제 시각도 변했습니다. 교실에서 함께 공부하고 있는 아이들이 이 자리에 있기까지는 엄청난 서사가 있음을 알게 되었기 때문입니다. 아이 한 명, 한 명이 보물이고 우주 그 자체입니다.

산에 피어도 꽃이고
들에 피어도 꽃이고
길가에 피어도 꽃이고
모두 다 꽃이야
아무데나 피어도
생긴 대로 피어도
이름 없이 피어도
모두 다 꽃이야

봄에 피어도 꽃이고
여름에 피어도 꽃이고
몰래 피어도 꽃이고
모두 다 꽃이야
아무데나 피어도
생긴 대로 피어도
이름 없이 피어도
모두 다 꽃이야

노래의 가사처럼 학급의 아이들도 모두 다른 한 송이의 꽃입니다. 생긴 모습도, 성격도, 취향도, 입맛도, 장점도, 단점도 모두 다릅니다. 각자의 개성대로 하루하루 성장하고 있다는 사실이 놀라운 기적이라는 생각이 듭니다. 학교는 기본적으로 단체 생활이고, 정해진 국가 수준의 교육과정이 있습니다. 다수의 아이들과 함께 학습에 무게 중심을 두고 학교생활이 이루어지기 때문에 아이들의 개성을 다 존중해 줄 수는 없어 안타까울 때가 많습니다. 이를 개선하기 위해서 학교 교육도 조금씩 변화하고 있습니다. 2022년 개정 교육과정에서는 '교육 혁신을 통한 학생 맞춤형 교육과정 강화'를 추진과제로 채택했습니다. 학습자 개개인을 돕기 위해 노력하는 방향으로 교육이 변화하고 있지요.

하지만 다인수 학급이라는 제도적, 현실적 한계가 분명히 존재합니다. 아직도 다품종 소량의 꽃을 생산하기보다 온실 안에서 단일 품종 대량의 꽃을 일괄 생산하는 느낌이 더 강합니다. 따라서, 학업이 강점이 아니라면 시든 꽃이 되기 쉽습니다. 우리나라의 교육과정은 국가가 정한 기준에 따라 초등학교, 중학교, 고등학교로 나뉘어요. 그리고 각 학교급별로 학습의 목표, 내용, 방법, 평가 등의 내용이 제시되어 있습니다. 각 학년별로는 학년 교육과정이 있어요. 한 해 동안 배워야 할 범위와 내용이 정해져 있는 것이지요. 그러니 제 학년에서 학습해야 할 내용을 놓치게 되면 학년이 올라가면서 학교 수업을 따라가지 못하는 문제가 생깁니다. 또 우리의 공교육은 12년이라는 시간동안 '입시 준비'라는 큰 틀 안에서 움직입니다. 교육과정을 충실하게 따라

갈 수밖에 없지요. 그러다 보니 학교 수업 시간의 대부분이 입시를 위한 학습으로 채워집니다.

우리 반 건희는 학교 수업을 잘 따라가는 아이 중 하나입니다. 수업 시간에는 늘 초롱초롱한 눈빛으로 참여하며 발표도 잘하고, 스스로 주어진 과제를 해결해야 하는 시간에는 집중력 있게 과제를 해결하지요. 모둠 활동을 할 때도 적극적으로 의견을 내고 친구들과 잘 어울려 모둠 과제를 해냅니다.

학교 오는 게 즐겁다는 아이의 말은 교사로서 참 고마운 한마디입니다. 그런데, 같은 공간 안에서 같은 시간을 보내지만 다른 모습을 보이는 아이도 있습니다. 과제를 설명할 때는 딴 생각을 하고, 개인 과제를 해결해야 하는 시간이 되면 설명을 듣지 못했으니 멍하게 있습니다. 이때는 제가 옆자리로 가서 따로 이야기해 주지요.

"위에 있는 이 글을 읽고 여기에 답을 적어 봐."
"읽어도 모르겠어요."

5학년 교실, 저학년부터 학습결손이 생긴 이 아이는 수업 시간이 괴롭습니다. 학업에 큰 재능이 없고 관심도 없는데 하루 중 대부분의 시간을 공부하면서 보내야 합니다. 관심이 없으니 잘하지 못하고, 잘하지 못하니 더 관심이 없어집니다. 재미가 없으니 수업 시간에 딴청을 부리는 시간이 늘어납니다. 자연스럽게 선생님에게 지적받는 횟수도 늘어나지요. 공부가 더 싫어집니다. 재미가 없어서 잘 못하게 된 것인지, 잘 못하니 재미가 없어진 것인지 알 수는 없지만 악순환입니다. 그런데 요즘 아이들은 학교 공부가 끝이 아닙니다. 방과 후에는 학원에 갑니다. 아이가 참고 견뎌야 할 시간은 더욱 길어집니다.

이런 환경 속에서 아이들은 점점 무기력을 배워 갑니다. 초등학교 3학년부터 늘어나기 시작하는 무기력은 고학년이 되면서 점차 심화되고 일상이 되어 갑니다. 무기력은 아이들의 자존감을 갉아먹습니다. 선생님의 지적도 많이 받게 되고, 스스로 무언가를 해내고 성취감을 맛보는 기회도 줄어들기 때문입니다.

> 모든 사람은 천재다.
> 그러나 나무를 얼마나 잘 타고 오르는지로 물고기의 능력을 판단한다면,
> 물고기는 평생 스스로가 바보라고 생각하면서 살 것이다.
> - 아인슈타인 -

아이들은 저마다 각기 다른 강점을 타고납니다. 하지만 학교에서 아이들 개개인의 강점을 기를 수 있도록 도와주는 교육과정은 아직 부족합니다. 하태욱 건신대학교 대학원 대안교육학과 교수가 번역한 '근대교육을 재판합니다'라는 영상은 그런 학교 교육을 강하게 비판하고 있습니다. 원고 측이 학교 교육을 고발합니다.

학교는 물고기를 나무에 오르도록 만들 뿐만 아니라 나무를 타

고 내려오게도 만들고, 단축 마라톤도 달리게 만듭니다. (…) 얼마나 많은 아이들이 그 물고기 같은지 아십니까? 교실을 거슬러 헤엄쳐 가며 자신의 재능은 발견하지도 못한 채 자신이 바보 같다고 생각하고, 쓸모없다고 여기게 됩니다. (…) 창의성을 죽이고, 개성을 죽였으며 지적으로 학대해 왔습니다. 학교는 오래 전 세워진 기관이며, 이제 시대에 뒤떨어져 있습니다.

제가 학교에 대한 뒷조사를 좀 해 봤더니 자료들에 따르면 학교는 사람들을 공장에서 일하도록 훈련시키기 위해 생겨났더군요. 이제야 좀 이해가 되었습니다. 학생들에게 똑바로 오와 열을 맞춰서 가만히 앉아 있으라고 하고, 말하고 싶을 땐 손을 들라고 했던 이유를요. (…) 하지만 오늘날 우리한테 필요한 건 로봇 같은 좀비가 아니에요. 세상은 계속 바뀌고 있고 우리는 생각할 줄 아는 사람이 필요해요. 창의적으로, 혁신적으로, 비판적으로, 독립적으로. 하지만 서로 관계 맺는 능력과 함께요.

이 부분에서는 저도 뜨끔했습니다. 30명의 반 아이들에게 똑같은 수업을 한다고 법정에 서라고 하는 건 아닌지 모르겠습니다.

의사가 모든 환자들에게 똑같은 약만을 처방한다면 그 결과는 매우 끔찍할 겁니다. 수많은 사람들이 더 고통에 빠지겠지요. 그런데 학교에 가 보면 똑같은 일이 벌어지고 있습니다. 교육이 제대로 작동되고 있지 않아요. 교사 한 사람이 20명의 아이들 앞에 서 있습니다. 아이들은 각자 다른 장점과 다른 욕구, 다른 재능과 다른 꿈을 가졌는데도 학교는 똑같은 것을 똑같은 방식으로 가르치죠. (…) 사지선다 시험 속에서만 헤매고 있어요. 그게 성공을 규정한다면서요. 그건 참 기이한 일이에요. 사실은 이런 시험들은 실제로 사용하기엔 너무 부실해요. 그래서 폐기되어야 합니다. 이건 제 말이 아닙니다. 프레드릭 켈리. 그는 바로 표준화 시험을 개발한 사람입니다.

우리나라 과밀학급의 경우에는 한 반에 30명이 넘기도 합니다. 더어려운 환경이네요. 입시 위주의 교육 환경에서 '1등급'이라는 도장을받기 위해서 공장에서 찍어 낸 듯한 공부를 하고 있지요. 아이들은 공장에서 찍어 낸 아이들이 아닌데 말이에요. 그는 아래와 같은 대안을제시합니다.

의료도, 자동차도, 페이스북 페이지도 모두 개인에게 맞춰진다면 교육 역시 그렇게 개인에게 맞춰져야 합니다. (…) 우리 스스로가 학생 각자의, 그리고 전체 학생의 가치를 가져올 수 있어야 합니다. 그것이 우리의 과제입니다. 중핵교과라는 건 없애고, 그 대신에모든 교실에 있는 모든 심장의 핵심으로 들어가는 겁니다. 물론 수학이 중요할 수 있지만 미술이나 춤도 중요하죠. 모든 재능들에게공정한 기회를 주어야 합니다. 이게 꿈같은 이야기로 들리실 수도있지만 핀란드 같은 나라에서는 이런 이상적인 일들이 일어납니다.

학교에서 보내는 시간은 더 짧고, 교사들에 대한 처우는 꽤 괜찮으며, 숙제는 존재하지 않고, 경쟁보다는 협동에 초점을 맞추죠. 그렇지만 여러분, 매우 인상적인 것이 있습니다. 그 나라의 교육 체제는 세계 어느 나라보다 놀라운 성취를 내고 있습니다. 싱가포르를 비롯해서 다른 나라들도 그런 방법을 뒤쫓아 가고 있습니다. (…) 정답이 있지는 않겠지만 그래도 시도해 보는 거죠. 왜냐하면 학생들은 전체 인구의 20퍼센트쯤 되겠지만 우리 미래의 100퍼센트니까요. 그러니 그들의 꿈에 관심을 가집시다. 무엇을 성취할지 미리 정해 놓지 말고요. 이런 세상이 제가 믿기에는 물고기가 더 이상 나무를 기어오르지 않아도 되는 곳입니다.

'학생들은 전체 인구의 20퍼센트쯤 되겠지만 우리 미래의 100퍼센트'라는 말이 마음을 파고듭니다. 우리 아이들이 살아갈, 그리고 주인이 될 미래의 100퍼센트이기도 하니까요.

학교는 천천히 변화를 시도하고 있습니다. 초등학교의 경우는 정기 일제고사도 없어졌고요. 강의식 수업에서 모둠 활동, 토의 토론 수업, 독서와 글쓰기 수업, 거꾸로 수업, 하브루타 수업 등 수업의 형태가 다양화되고 있습니다. 2022년 개정 교육과정에서는 고교학점제가 시작되면서 더 큰 변화를 예고하고 있습니다. 하지만 세상은 학교 교육이 쫓아가지 못할 만큼 더 빠르게 변하고 있어요. 그래서 저는 아이들이 하고 싶은 것, 잘하는 것을 찾아 강점 집공부를 하면서 그 간격을 조금씩 메워 보려고 합니다.

일단은, 힘 빼기

3학년 여름 방학, 첫째 아이 방에 들어갔다가 가방 옆에 널브러져 있는 시험지 한 장을 발견했습니다. 어, 비가 내리네요? 그제야 '수학, 잘 따라가고 있는 게 아니었나?'라는 생각이 들었습니다. 아이는 초등학교 3학년까지 수학 교과 문제집 없이 연산 문제집 한 권만 즐겁게 풀고 있었습니다. 수학 문제집 풀 시간에 책이나 더 읽고 놀이터에서 더 노는 것이 이득이라고 판단했어요. 그런데 수학을 잘 따라가고 있다는 생각은 저의 착각이었습니다. 시험지를 보고 부글부글 끓어오른 마음으로 아이를 불렀습니다.

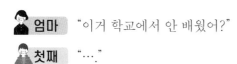

엄마 "이거 학교에서 안 배웠어?"

첫째 "…."

비 내리는 시험지를 본 저는 이미 침착함을 잃었습니다. 정신은 안드로메다로 나가 버렸지요. 아이가 수학에 감이 있다고 생각했고, 교과 수학을 따라가는 데 무리가 없다고 생각했기에 충격은 더 컸습니다.

"이거, 틀린 거 다시 풀어 봐. 시험 문제 풀 때는 정신 똑바로 차리고 풀어야지. 이렇게 쉬운 문제를 연산에서 틀리면 어떻게 해?"

몇 문제는 기초 연산 때문에 틀린 것이었고, 몇 문제는 문제를 제대로 읽지 않아서, 또 몇 문제는 진짜로 몰랐던 것처럼 보였습니다. 방학동안 1학기에 배운 내용을 복습시켜야겠다는 생각이 들었고, 그날로 초등 교과 수학 문제집의 바이블로 불리는 문제집을 한 권 샀습니다. 수학에 질리게 하고 싶지는 않았기에 부족한 단원만 풀고 넘어갔습니다.

'2학기부터는 마음 단단히 먹고 제대로 수학 공부를 시켜야겠다.'

공부는 아이가 하는 것인데 마음은 엄마인 제가 단단히 먹었습니다. 이것이 바로 문제의 시작이었던 것 같습니다. 처음에는 아이도 재미있어했습니다. 수학 문제집이라는 걸 많이 접해 보지 않았으니까요. 그런데 뒤로 갈수록 점점 난이도가 높아지면서 단원의 끝에서는 조금씩 버거워하기 시작했습니다. 한 단원, 한 단원 끝날 때마다 아이를 어르고 달래며 문제집 한 권을 마쳤습니다. 그리고 아이가 조금 더 어려운 심화 문제도 풀 수 있도록, 문제집을 고르러 서점에 갔습니다. 아이는 문제집 표지에 적힌 '최상위'라는 단어에 꽂혔어요.

첫째 "엄마, 이거 최상위 문제야? 엄청 어려운 거야?"

엄마 "응. 어렵대."

첫째 "그래도 한번 풀어 볼래."

시작은 좋았습니다. 심화 문제집이라고 해도 초반의 개념 확인 문제는 덜 어려워요. 그런데 한 단계, 한 단계 넘어갈수록 난이도가 높아집니다. 채점을 해 보면 비가 내립니다. 마지막 최고 난이도의 문제는 채점해 주는 엄마도 '이걸 굳이 초등학생이 풀어야 하나?'라는 회의감을 느끼게 합니다. 그런 의문을 가지면서도 달리고 있는 말에서 내리지는 못했습니다. 그러던 어느 날, 급기야 사건이 터졌습니다. 분수 단원에서 한 시간에 두 문제도 풀지 못하게 되니, 아이는 울음을 터트리고 말았습니다.

"엄마, 수학이 너무 싫어. 엉엉…."

우는 아이의 모습을 보니 정신이 번쩍 듭니다. 아이의 수학 실력을 높이기 전에 수학 정서를 다 망치겠다는 생각이 들었습니다. 평소 같았으면 한바탕 아이에게 퍼부었을지도 모릅니다. 힘들어하는 아이의 모습보다 부글부글 끓는 내 마음이 더 앞서갈 때가 많지요. 그런데 이날은 아이가 우는 모습을 보자 측은한 마음이 들었습니다. 어려운 문제를 오랜 시간 동안 붙잡고 푼 것만 해도 대단하다며 아이를 달래 주었습니다. 최선을 다해 풀고도 원하는 만큼 결과가 나오지 않아 책상에 얼굴을 파묻고 울고 있는 아이의 모습을 보니 저도 수학이 싫어지려 합니다. 그날 밤, 많은 생각을 했습니다. '수학을 꼭 이렇게까지 해야 할까' 하는 마음에 남편과 상의를 했지만 남편은 저와 의견이 달랐습니다.

"성장하려면 어느 정도 고통도 있어야 하는 거야. 어렵긴 하지만 분명 실력은 많이 올라갈 거야. 일단 놔둬 봐."

마음이 복잡했습니다. 아이의 우는 모습을 떠올리면 마음이 지옥이고, 또 성장하려면 어쩔 수 없다는 말에 어느 정도는 공감이 갔기 때문이에요. 어려운 문제를 붙잡고 힘들어하는 아이에게 학년이 올라가면 다시 도전해 보자고 제안하기도 했습니다. 그러면서도 한편으로는 끝까지 마무리해 주었으면 하는 욕심도 제 마음속 한구석에 있었던 것 같습니다. 수학 문제집을 푸는 저녁 시간이 되면 아이는 딴청을 부리다가 잠자기 직전에 마지못해 책상에 앉아 문제집을 폈습니다.

"일찍 할 것부터 하고 놀아야지. 이제 곧 잠잘 시간인데 피곤해서 집중이 잘되기나 하겠어?"

매일 저녁이 전쟁이었습니다. 할 일을 하고 놀기를 바라는 엄마와 끝까지 미루다 잠자기 전에 억지로 수학 문제를 푸는 아이 사이에서 매일 신경전이 벌어졌습니다. 결국 아이가 끝까지 마무리하기를 원해서 힘겹지만 억지로 한 학기를 어떻게 다 마치긴 했습니다. 수학 때문에 힘들었던 건 아이뿐만이 아니었습니다. 저도 아이의 수학 공부를 봐 주는 것이 싫어졌습니다. 아이를 계속 다독여야 하고, 신경전을 벌이고, 졸린 시간에 어려운 문제를 또 아이에게 가르쳐 주어야 하는 것이 부담이 되었습니다. 무엇보다 이러다 정말 아이의 수학 정서를 망치게 될까 봐 걱정이 되었습니다.

새 학기가 되고 수학에 힘을 좀 빼기로 했습니다. 공부하는 아이도, 봐 주는 엄마도 둘 다 지치는 공부는 오래가지 못하니까요. 제 자신과 아이를 쥐어짜는 대신 초등학교 시기를 더 의미 있게 보내고 싶었습니다.

수학 심화보다 아이에게 더 중요한 게 무엇일지 고민해 보니, 예전에 하던 것처럼 아이가 좋아하는 일에 시간을 더 투자하는 편이 낫겠다는 생각이 들었습니다. 아이의 강점을 개발할 수도 있고, 그것이 꼭 아이의 경쟁력 있는 강점이 되지 않더라도 아이의 성취감과 행복지수에는 더 도움이 될 거라고 느꼈어요. 초등학교 시기는 눈에 보이는 결과보다 눈에 보이지 않는 마음속 동기가 더 중요하다고 생각하기 때문이기도 합니다. 아이들은 좋아하는 것을 할 때는 누구보다 집중력이 높지요. 저는 아이를 믿어보기로 했습니다. 좋아하는 것을 탐색할 여유도 가지면서, 물 흐르듯 자연스럽게 궁금하고, 더 알고 싶고, 배우고 싶은 것에 몰두할 시간을 주고 싶습니다. 배움에 대해 긍정적인 마음이 깃들기 바랍니다. 그 또한 아이의 강점이 될 것이라고 믿습니다.

2022년 초, 새 학교로 인사 발령을 받았습니다. 새 학교는 국제 바 칼로레아를 도입한 학교IB World School였습니다. 그런데, 새 근무 환 경에 들어가기도 전에 주변에서는 '너 이제 큰일 났다'라는 반응이었 습니다.

"IB 학교 힘들 텐데."
"그 학교, 퇴근 시간 되어도 퇴근을 못 한다던데?"
"9시까지 야근은 기본이래."

재직 중인 학교의 학사 일정이 마무리되자마자 마음의 부담을 안고 IB 초등과정 교사 연수에 참여했습니다. 그런데 연수를 듣다 보니 IB 교육이 저의 교육관과 잘 맞는 부분이 있었습니다.

"IB 학교에서는 한 학년에 여섯 가지, 6년 동안 총 서른여섯 가지의 초학문적 주제를 탐구하게 됩니다."

저는 아이들이 어릴 때부터 오랜 기간 동안 한 가지 관심사를 공부해 오도록 이끌었는데, 이와 연결되는 느낌이었지요. IB 교육에서 추구하는 학습 기술과 학습자상, 그리고 한 가지 초학문적 주제를 탐구하기 위한 세부 탐구 목록이 강점 집공부의 학습 방법과 강점 집공부를 통해 기르고자 하는 미래 역량, 또 강점 집공부를 하면서 한 가지 주제 안에서 세부 주제로 가지치기를 하는 것과 닮아 있었습니다.

3월이 되고 학기가 시작된 후, 학교에서 놀라운 광경을 자주 보게 되었습니다. 강당, 체육관, 영어실, 도서관, 복도 등 학교 곳곳에 아이들이 정한 규칙이 붙여져 있습니다. 급식실은 아이들의 의견을 반영하여 메뉴를 정합니다. 학교에 놀이터 설치를 위한 예산이 내려왔는데 전교어린이회 아이들이 반 아이들의 의견을 모아서 직접 놀이터를 설계합니다. 그리고 학교는 예산이 되는 범위 안에서 아이들의 제안을 수용합니다. 한 가지 주제가 끝날 때마다 아이들의 캠페인, 인터뷰, 각종 전시, 발표회가 학교 곳곳에서 이루어집니다. 어린이날 100주년 기념행사로 튀르키예 학교 아이들과 자기 나라의 어린이날을 소개하고 노래를 부르는 수업이 이루어지기도 했습니다.

많은 아이들이 선행학습을 할 때, 내 아이들은 하루 종일 종이접기를 하고 박스로 뽑기 기계를 만들고 있다는 사실이 마음을 불편하게 한

적도 많았습니다. 관심사를 깊이 파 보게 한다는 엄마의 교육관 때문에 아이의 중요한 학습 시기를 놓치는 건 아닌지 불안한 마음이 있었던 것이 사실입니다. 하지만 IB 학교에 근무하면서 지금까지 아이들과 해 오던 강점 집공부에 조금 더 확신을 갖게 되었습니다.

이제는 여기저기서 우리 아이들이 살아가는 세상은 변화한다고 이야기합니다. 용기를 내어 도전할 시기는 초등학교 시기가 아닌가 하는 생각이 듭니다. 교과 공부 양을 줄이는 대신 아이들과 함께 강점 집공부에 더 신경을 써야겠다고 생각하게 된 계기가 되었습니다.

현재 관심사와 더불어, 일상에서 보는 것들을 아이들과 함께 좀 더 깊이 있게 관찰하고 공부하고 있습니다. 아이들과 마트에 대해 공부했던 이야기를 해 볼까 해요. 저희 집에서 가까운 마트는 두 군데입니다. 하나는 개인이 운영하는 마트, 하나는 대기업에서 운영하는 마트입니다. 두 마트에는 확연한 차이점이 있습니다. 아이들도 두 마트를 번갈아 왔다 갔다 하니 느낀 점이 있을 거예요. 마침 마트에 갈 일이 생겨 아이들에게 물어보았습니다.

👤 엄마 "연화마트랑 이마트 에브리데이랑 어느 마트에 가는 게 더 좋아?"

👤 첫째 "이마트 에브리데이에 가는 게 더 좋아."

👤 엄마 "왜?"

👤 첫째 "뭔가 더 현대적인 느낌이야."

엄마 "왜 더 현대적인 느낌이 들까? 가서 한번 비교해 볼까? 현대적인 느낌이 나게 하는 이유를 찾아보자."

둘째 "엄마, 나는 뭐 하지?"

엄마 "네가 좋아하는 음식 가격을 비교해 보는 건 어떨까?"

둘째 "좋아. 재미있겠다. 근데 뭘 비교하지? 너무 많은데?"

엄마 "어떻게 하면 좋을까? 한 가지를 골라 볼까?"

둘째 "과일 가격을 비교해 볼래."

이렇게 공부할 문제를 들고 온 가족이 이마트 에브리데이로 향했습니다. 첫째는 마트 곳곳을 돌아보며 근거가 될 만한 것들의 사진을 찍고, 둘째는 과일의 가격을 조사했습니다. 이때 과일 가격을 일일이 적는 것을 힘들어해서 휴대폰을 건네주고 과일 이름과 가격을 녹음하도록 했어요. 첫째도 그 장면을 보더니 아빠의 휴대폰을 빌려 문제 해결을 위한 자료들을 녹음하기 시작했습니다. 첫 번째 자료 수집이 끝나고, 연화마트로 이동했습니다. 두 번째 마트에서도 마찬가지로 아이들은 각자 자신이 필요한 자료를 수집했습니다. 열심히 조사한 보상으로 음료수 하나씩을 사들고 집으로 돌아왔습니다.

아이들은 각자 조사한 자료를 공책에 정리했습니다. 휴대폰에 녹음된 파일을 열어 내용을 들으면서 옮겨 적고, 그것을 바탕으로 각자 나름대로의 결론을 내렸습니다. 한 걸음 더 나아가서 '초등학생이 가기 좋은 마트는 어느 곳일까?'라는 문제를 만들고 아이들이 스스로 답을 찾았습니다.

아이들과 함께 마트의 상품 진열 비법에 관한 유튜브 영상도 몇 가지 찾아보았습니다. 영상으로 보면 상품 진열을 한 눈에 비교할 수 있으니 책의 설명을 찾아 읽는 것보다 더 효과적이라고 판단했어요.

첫째 "와! 엄마, 이런 비밀이 숨겨져 있었어? 약간 상술이기도 하네."

엄마 "물건을 사는 소비자 입장에서는 상술이기도 하지. 그러니까 우리는 물건을 살 때 어떻게 해야 현명한 걸까?"

첫째 "우리는 상품 진열에 마음 뺏기지 말고 꼭 필요한 것만 사야겠지."

엄마 "그렇다면 입장을 바꿔서, 너희가 만약에 마트 사장님이라면 어떻게 할래?"

둘째 "그러면 당연히 많이 팔리도록 상품 진열을 해야겠지."

엄마 "그래. 소비자, 판매자의 입장에서 잘 생각해 봤네."

그날 저녁, 아이들과 함께 내가 소비자라면 혹은 내가 마트 사장님이라면 어떻게 상품 진열에 대응할지 글로 써 보았습니다. 대형마트 휴무제에 대해서도 이야기 나누어 보았습니다. 그냥 무심코 지나칠 수 있는 주변의 것들을 아이들이 관심을 보일 때 조금 더 깊이 있게 관찰하고, 비교하면서 함께 이야기 나누고 생각을 넓혀가고 있습니다.

일상에서 아이들의 관심사를 따라 강점 집공부를 해 보니 몇 가지 변화가 찾아왔습니다. 그중 가장 큰 변화 두 가지는 '자발적 배움'과 아이와의 '관계 개선'입니다.

강점 집공부는 자발적인 배움이 일어납니다. 아이들은 생각보다 단순합니다. 재미있으면 좋아합니다. 이건 어른도 마찬가지지요. 스스로 선택하고 좋아하는 일을 할 때 재미를 느낍니다. 본인의 관심사에 따라 선택한 공부는 시작할 때의 마음가짐부터 다릅니다. 출발선이 달라요. 자연스럽게 끌리는 마음이 생기고, 끌어당김의 힘으로 기억력도 좋아지지요. 어려운 내용도 어렵다고 생각하지 않고 있는 그대로 받아들입니다. 아이들에게는 마트 진열, 마케팅 등이 어려운 내용일 수 있습니다. 하지만 관심이 있으니 재미있게 받아들입니다.

강점 집공부를 하고 나서부터는 아이가 저에게 자주 하는 말이 있습니다. "엄마, 고마워"입니다. 엄마를 학습의 조력자로 인식합니다. 아이가 관심 있는 분야의 책도 같이 찾아 주고, 아이가 할 만한 여러 활동들도 함께 고민합니다. 그 과정에서 아이는 '엄마는 나에게 도움을 주고 내 이야기를 들어주며 내 의견을 적극적으로 반영해 준다'는 것을 느낍니다. 아이와의 대화가 많아지고 자연스럽게 관계가 좋아졌습니다. 그러니 교과 공부도 더 수월하게 돌아갑니다. 선순환이 이루어지는 것이죠. 덕분에 '엄마는 공부 잔소리쟁이'라는 누명(?)을 벗게 되었습니다.

아장아장 걸음마를 시작하던 꼬꼬마 시절, 우리는 분명 아이들이 '좋아하는 것'에 집중했습니다. 자동차를 좋아하는 아이에게 자동차 장난감을 사 주고, 인형을 좋아하는 아이에게는 인형을 사 주었습니다. 그렇게 아이들이 좋아하는 것에 집중하던 우리의 초심은 '입시'에 빼앗겨 버렸습니다. 지금도 아이가 좋아하는 활동은 푹 빠져서 하지 않나요? 좋아하는 것에 자연스럽게 빠져드는 아이의 집중력을 믿어 보는 것은 어떨까요?

고교학점제가 가져올 변화

4차 산업혁명 : 아이들에게 필요한 미래 역량

1차 산업혁명에서 4차 산업혁명으로 갈수록 변화 속도는 빨라지고 변화가 미치는 범위와 영향력은 커지고 있습니다. 여러 번 강조했지만 우리의 미래는 아무도 경험해 보지 못한, 예측하기 어려운 세상이 될 것입니다. 현재 존재하는 많은 직업이 사라지고 인공지능, 빅데이터와 관련된 새로운 직업이 생겨날 거예요. 이런 상황에서 과거에 우리가 미래를 준비하던 방식대로 우리 아이들을 준비시킬 수는 없습니다.

그렇다면 우리 아이들의 미래는 어떻게 준비하는 것이 좋을까요? 많은 미래학자와 교육 전문가들은 단편적인 지식보다는 다양한 문제 해결에 필요한 기본 역량을 기르는 것이 중요하다고 말합니다. 2015, 2016년 세계경제포럼WEF의 '교육을 위한 새로운 비전New Vision For Education' 문서에는 학생들에게 필요한 21세기 능력21th-Century Skills이 제시되었고, 국가평생교육진흥원에서는 이를 다음과 같이 '21세기

21세기 기술		
기초 문해 학생들이 어떻게 일상생활에서 핵심 기술을 적용시키는지	**역량** 학생들이 어떻게 복잡한 도전사항들에 대해서 대처하는지	**인성 자질** 학생들이 그들의 변화하는 환경에 대해서 어떻게 대처하는지
01 문해	07 비판적 사고/문제해결	11 창의성
02 수해	08 창의성	12 주도성
03 과학문해	09 의사소통	13 일관성/도전정신
04 ICT문해	10 협력	14 적응력
05 재정문해		15 리더십
06 문화 및 시민문해		16 과학 및 문화

평생학습

출처: 2016 글로벌 평생교육동향 6월호(국가평생교육진흥원)

기술'로 번역하여 제시하였습니다.

21세기 능력은 학생들이 일상생활에서 핵심 기술을 적용시킬 수 있는 기초 문해(문해, 수리, 과학문해, ICT문해, 재정문해, 문화 및 시민문해), 학생들이 복잡한 도전거리에 대처하는 역량(비판적 사고/문제해결, 창의성, 의사소통, 협력), 학생들이 그들의 변화하는 환경에 대처하는 방법(창의성, 주도성, 일관성/도전정신, 적응력, 리더십, 과학 및 문화) 세 가지 범주로 나누어집니다. 총 열여섯 가지 세부 항목 중에서 기존에 우리가 해 오던 학습과 관련이 깊은 유형적 역량인 하드 스킬◆은 기초 문해에 해당하

◆ 2015년 6월 '워크포스 커넥션(Workforce Connections)'에 실린 아동동향 보고서 서문에서 하드 스킬과 소프트 스킬이 언급되었다. 하드 스킬은 시험으로 측정 가능한 결과이며 소프트 스킬은 하드 스킬을 제외한 모든 역량이 포함될 수 있다.

는 여섯 가지입니다. 역량 및 인성 자질에 속하는 열 가지 항목은 무형적 역량인 소프트 스킬로, 미래에는 무형적 기량인 소프트 스킬의 중요성이 더 강조됩니다.

 ## 2022년 개정 교육과정 : 역량 함양, 학습자 맞춤형 교육과정

2022년 개정 교육과정은 4차 산업혁명 시대에 변화하는 교육적 요구에 대응하기 위한 의지가 엿보입니다. 개정의 중점에 '미래 사회가 요구하는 역량 함량이 가능한 교육과정', '학습자의 삶과 성장을 위한 맞춤형 교육과정'을 제시하였습니다. 맞춤형이라는 것은 개개인의 특성에 맞춘다는 의미이므로 새로운 교육과정에서는 '선택'할 일이 많아집니다.

초등학교

학교 교육과정 자율성 확대를 위해 초등학교에서는 선택과목(활동)이 도입됩니다. 선택과목(활동)은 학년별로 두 개씩(최대 68시간), 3~6학년 총 여덟 과목을 운영할 수 있습니다.

◆ 교육부 학년별 선택과목 운영 예시

학년	선택과목
3학년	지역 연계 생태환경, 디지털 기초소양
4학년	지속 가능한 미래, 우리 고장 알기
5학년	지역과 시민, 지역 속 문화탐방
6학년	인공지능과 로봇, 역사로 보는 지역

자유학기(학년)제 → 자유학기(1학년 중) + 진로연계학기(3학년 2학기)

중학교에서는 자유학기 운영시기 및 방법 등을 지역 및 학교 상황에 맞게 운영하도록 1학년에 적용하는 자유학기를 1-1, 1-2 중 선택할 수 있도록 하였습니다.

◆ 자유학기제 편성·운영 개선 방안

구분	현행	개선안	
		자유학기	진로연계학기
시기	• 1학년 자율적으로 자유학기(학년)제 운영	• 1학년 중 적용학기 자율적 선택	• 3학년 2학기
운영	• 주제 선택, 진로 탐색, 예술·체육, 동아리 활동 (4개 영역 필수) • 자유학기 170시간 • 자유학년 221시간	• 주제 선택 및 진로 탐색 활동 (2개) ※학생 참여 중심 수업 및 과정 중심 평가 등 수업 혁신 강화 • 102시간 운영	• 교과별 진로 단원 신설+창의적 체험 활동, 진로 활동 • 학교 자율시간을 활용하여 진로 관련 선택과목 운영 가능

고교학점제 — 아이의 관심사와 강점을 알아야 한다

초등학교에서는 일제고사가 폐지되고 강의식 수업을 넘어 모둠활동, 프로젝트 학습, 토의와 토론, 체험 등 새로운 수업 방식이 전개되고 있습니다. 중·고등학교 또한 수행평가의 도입으로 지필고사의 단점을 보완하고 있습니다. 그렇지만 철옹성 같은 '수능'이 떡하니 버티고 있으니 우리 모두가 입시 위주의 교육이라는 큰 틀에서 자유로울 수 없습니다. 초등학교에 일제고사가 없으니 가정에서는 학원 레벨에 더욱 의존합니다. 초등학교 때부터 선행학습을 시작하는 가정도 많아지고 있지요. 중학교에서 시행하고 있는 자유학기는 어떨까요? 학교에서는 아이들의 진로를 탐색하는 활동을 하고 있지만, 가정에서는 '시험 없는 여유로운 시기에 선행이나 쭉 빼자' 모드인 것이 현실입니다. 수면 위에서는 진로 탐색을 하는 시기처럼 보이지만, 수면 아래에서는 입시에 한 발이라도 뒤처지지 않도록 열심히 선행학습을 하며 발버둥치고 있습니다.

이제 고등학교에도 큰 변화가 일어납니다. 2022년 개정 교육과정의 가장 큰 변화는 '고교학점제'입니다. 고교학점제는 고등학생도 대학생처럼 학생이 진로에 따라 원하는 과목을 선택하고, 192학점을 채우면 졸업하는 제도입니다. 내가 원하는 과목으로 채운 나만의 시간표가 생기는 거예요. 학생이 원할 경우, 특목고 수준의 심화·전문 과목이나 직업계열의 과목 등 다양한 선택 과목을 고를 수 있습니다. 온·오프라인 공동 교육과정으로 우리 학교에 개설되지 않은 과목은 다른 학교에서 수강할 수도 있고요. 학교에서 배울 수 없는 과목은 지역 대학이나 연구기관 등 학교 밖에서 전문가와의 수업이 가능해집니다.

고교학점제의 핵심은 '진로'입니다. 고등학교 교육도 이제는 아이들 개개인의 진로 탐색에 관심을 갖겠다는 의지의 표명이에요. 선택과목이 일반선택, 진로선택, 융합선택 세 분야로 나뉘면서 과목도 더욱 다양해집니다. 평가에도 변화가 있습니다. 2025년 이후에는 고1에서 배우는 공통과목만 9등급제 석차등급을 표시하고, 전체 선택과목의 경우 석차등급제 대신 성취평가제를 도입합니다. 선택과목의 다양화, 성취평가제 시행으로 이제는 대학 입시에서도 '어떤 과목을 이수했느냐'가 중요해지지요. 대학에서는 지금보다 더욱 선택과목의 전공적합성을 입시에 반영할 것입니다.

교육부에서는 2022년 개정 교육과정과 고교학점제를 반영한 2028학년도 대입제도 개편 방안을 검토 중이며, 최종안은 2024년 상반기에 발표될 예정입니다. 교육부는 고교학점제에 맞춰 논·서술형 유형을 포함해 미래역량을 평가할 방안을 다각적으로 검토할 예정이라고 밝혔습니다. 이미 변화는 시작되었습니다. 이제 아이들은 고등학생이 되자마자 '진로'의 일부를 선택과목의 형태로 선택해야 합니다. 대입에서 전공적합성이 매우 중요해지기 때문이지요.

자신이 무엇을 좋아하고, 자신이 어느 분야에 강점이 있는지 아는 아이는 그렇지 않은 아이보다 고등학교 생활도, 대입에도 훨씬 유리해집니다. 앞으로는 국영수 선행학습 못지않게 '강점 선행'이 중요합니다. 자신의 강점을 알지 못한다면 진로를 수정해야 하는 일이 잦아지고 고등학교 생활부터 혼란의 연속이 될 거예요. 고등학교에 입학 전 가장 필요한 선행학습은 바로 자신이 좋아하는 것, 강점이 무엇인지를 아는 것입니다.

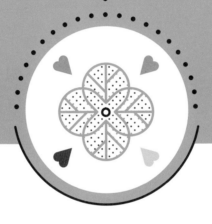

발견편 :
아이와 **함께**하는
강점 사냥

강점 사냥의 비밀

우리 집 막내는 오빠들이 하는 일에 관심이 많습니다. 오빠들이 책을 읽고 있으면 어느새 옆에 슥 와서 어깨너머로 같이 보고 있습니다. 하루는 막내가 울면서 저에게 왔어요. 자초지종을 들어 보니 둘째가 앉아 있는 의자에 막내가 비집고 들어가 옆에 딱 붙어 앉아서 둘째의 영어 듣기 책을 같이 봤다는 사연이었습니다. 그런데 둘째는 자리도 불편하고 나보다 어린 동생이 내가 하는 것을 옆에서 자꾸 보고 있는 것이 탐탁치 않았던 거예요. 이렇게 티격태격하는 상황은 꽤 자주 펼쳐집니다. 매번 막내는 같이 보고 싶어 하고 둘째는 그런 막내를 불편해합니다. 그래도 막내는 포기하지 않습니다. 둘째의 눈치를 잘 살피면서 오빠 기분이 별로면 다시 돌아오고 기분이 좋아 보이면 슬그머니 또 옆에 가 있지요.

아이가 셋이다 보니 사실 맏이를 키울 때보다 막내에게 손이 덜 갑니다. 첫째 같았으면 얼굴에 난 작은 뾰루지 하나, 티끌 하나도 다 알아차렸을 텐데 막내는 뒤돌아서 보면 다리가 긁혀 있거나 손톱자국이 나 있는 경우가 많습니다. 비슷한 맥락에서 첫째는 한글에 관심을 보이기 시작하고 몇 글자 알게 되었을 때 아이가 한글을 읽을 수 있도록 열심히 조력했습니다. 그런데 막내는 그런 신호를 알아차릴 틈도 없이 한글을 알게 되었어요. 막내가 어떻게 한글을 알게 되었는지 아직 미스터리지만, 둘째의 영어 듣기를 엿보는 것을 보고 대충 짐작하게 되었습니다. 아마 오빠들이 책을 읽을 때나 엄마, 아빠가 책을 읽어 줄 때 옆에서 유심히 듣고 있었을 것입니다.

아이들이 좀 크고 나니 막내를 관찰할 여유가 생기면서 관심사와 강점이 보이기 시작합니다. 막내는 한글과 영어 학습에 관심이 있고 언어 습득에 강점이 있습니다. 오빠들은 글씨 쓰는 것을 싫어한 반면, 이 아이에게는 종이에 글씨를 쓰고 그림을 그리는 것이 놀이이자 휴식입니다. 가족, 선생님, 친구들에게 편지도 쓰고 이야기도 만들어 쓰지요.

아이의 태도를 보면 '과제집착력'이 있습니다. 이런 태도는 자신의 관심사를 강점으로 만들 수 있는 하나의 무기가 됩니다. 또 다른 강점은 상황을 잘 파악할 줄 안다는 것입니다. 눈치가 빠르다고 하지요. 가족들의 눈치와 동향을 살피고 적절한 상황에서 본인의 목적을 달성합니다. 영어 듣기를 하는 오빠가 기분 좋은 날, 막내는 옆에서 같이 영어 듣기를 시도합니다. 오빠가 뭐라고 핀잔을 줄 것을 알면서도 일단 시도해 보는 대담함과 끈기도 있습니다. 언어 학습이라는 관심사에 과제집착력, 상황 파악 능력, 대담함, 끈기라는 태도를 더하면 아이의 강점으로 만들 수 있습니다.

둘째는 어려서부터 식물, 곤충에 관심이 많았습니다. 놀이터에 나가면 놀이기구보다 화단에 먼저 달려가는 아이였습니다. 등굣길에 있는 꽃과 나무도 그냥 지나치지 않습니다. 보호색을 띤 작은 곤충들도 잘 찾아낼 정도로 관심 있게 관찰하면서 학교에 갑니다. 가족과 함께 등산을 가면 제일 속도가 느립니다. 둘째에게는 구경할 거리가 넘치는 곳이기 때문입니다.

요리에도 관심이 많은 둘째는 엄마가 음식을 만들 때 늘 관심을 가지며 재료 손질부터 깨 갈기, 나물 무치기 등 간단한 과정은 스스로 맡아서 잘 해냅니다. 제가 요리할 때 뭔가 필요한 것이 있으면 빠르게 눈치를 채고 제 앞에 가져다 주기도 해요. 관찰력, 세심함, 상황 판단력이 좋고 상대방을 잘 배려할 줄 압니다. 식물, 곤충, 요리라는 관심사에 관찰력, 세심함, 상황 판단력, 배려심이라는 태도를 더하면 아이만의 강점이 또 만들어지겠지요.

이처럼 아이의 강점은 아이를 자세히 관찰하고 아이와 충분한 대화를 할 때 발견할 수 있습니다. 막내의 행동을 '오빠가 싫어하는 행동을 자꾸 한다', '오빠의 공부를 방해한다'라고 생각하고 넘어가 버릴지도 모릅니다. 처음에는 저도 그랬거든요. 둘째는 싫은 티를 팍팍 냈고, 막내는 그런 둘째한테 한 대 맞고 울면서 저에게 왔습니다. 엄마 속은 시끄러워서 막내에게 오빠가 영어 듣기를 할 때 옆에 가지 말라고 했습니다. 그리고 "오빠 방해하지 마"라는 말까지 했지요.

엄마 "삼순아, 오빠가 영어 듣기 할 때 같이 있고 싶어?"

막내 "응. 나도 영어 듣기 하고 싶어."

사실 아이는 오빠가 하는 걸 자기도 하고 싶었던 거예요. 오빠가 하는 것을 똑같이 따라하고 싶은 막내도 영어 듣기를 하게 해 주면서 둘째와 막내의 갈등은 줄어들었습니다.

둘째의 행동도 마찬가지지요. 학교 가기 바쁜 아침 시간에 자꾸 화단을 들여다보고, 가족 등산에서 제일 뒤처지는 아이에게 걸음을 재촉하기 쉽습니다. 하지만 아이의 행동을 관찰하고, 반복되는 행동의 의미를 이해한다면 어떨까요? 아이가 충분히 자신의 관심사를 누릴 수 있도록 시간적 여유를 주기 위해서 노력하게 됩니다.

아이의 강점을 찾기 위해서는 무엇보다 '아이와 함께 보내는 시간'이 필요합니다. 바쁜 일상 속에서 잠깐의 시간이라도 아이와 일상을 충실하게 함께하는 것 자체가 강점을 찾는 데 큰 도움이 됩니다. 아이들이 하는 행동을 보고, 아이들의 말을 들으면 그 속에 대부분 힌트가 있기 때문이에요.

아이의 강점을 알리는 신호

1. 아이가 무엇이 재미있다고 말한다.
2. 어떤 일을 장시간 몰입해서 한다.
3. 한 주제에 대해 반복적으로 질문하는 것이 있다.
4. 학교 선생님, 친구들에게 칭찬을 자주 듣는 분야가 있다.
5. 도서관에서 주로 찾는 주제의 책이 있다.

처음에는 그것이 사소한 힌트일 수도 있습니다. 보통 아이가 툭 던진 한마디거나 작은 행동 하나일 때가 많지요. 이는 물론 단순한 호기심이나 단기간의 관심일 수도 있습니다. 그렇더라도 아이의 호기심을 해결할 수 있도록 함께 책을 찾아 주거나, 해당 활동을 할 수 있도록 도와주는 것이 좋습니다. 누구나 처음에는 작고 사소한 데서 시작하니까요. 아이가 경험해 보고 재미있고 즐거웠다면 다시 또 하고자 할 것입니다. 그것이 반복되면 아이의 강점으로 연결될 수 있습니다.

《똑똑한 엄마는 강점스위치를 켠다》의 저자 리 워터스는 자녀의 일상적인 행동과 언어를 관찰하면서 다음과 같이 지속적으로 질문할 때, 보다 쉽게 강점을 찾을 수 있다고 말합니다.

1. 자녀가 남다른 능력을 보이는가?
2. 자녀가 활기를 보이는가?
3. 자녀가 특정한 활동을 자주 하는가?

강점은 무언가를 잘한다고 해서, 또는 재미있어한다고 해서 이루어지지 않습니다. 하나의 강점은 위의 세 가지 요소가 합쳐져 생성되고, 세 가지 요소는 서로 긍정적인 피드백 고리를 형성합니다. 어떤 활동에서 좋은 성과를 내면 활기가 넘치고 자연스럽게 그 활동을 더 하려고 한다는 거예요. 활동에 흥미가 있으면 자연스럽게 그 활동을 반복적으로 하게 되고 그러니 더 좋은 성과를 내는 연결고리도 포함될 수 있겠습니다. 이런 선순환이 장기적으로 이루어진다면 아이의 강점으로 단단하게 자리 잡을 수 있겠지요.

아이들 옆에서 시간을 함께 보내는 것, 그리고 아이와 함께하는 시간에는 별다른 것을 하지 않아도 아이가 하는 일을 바라봐 주고 말을 걸어오면 대답을 해 주는 아주 사소한 일상이 아이의 강점을 찾을 수 있는 가장 강력한 도구입니다. 혹시 아이 옆에서 휴대폰을 들여다보면서 자리만 지키고 있지는 않나요? 잠시 휴대폰을 내려놓고 아이를 관찰해 보세요. 무심하게 반복하다 보면 어느 날 아이의 관심사가 보이고 강점이 보이기 시작할 것입니다.

주말, 도서관으로 등교합니다

아이들이 어릴 때는 주로 책을 사 주었습니다. 어린아이와 함께 도서관에 가 보니 도서관에 있는 내내 아이를 조용히 시키느라 에너지가 너무 많이 소모되었어요. 아이가 집중하는 시간도 짧으니, 도서관을 오가는 데 드는 시간과 노력에 비해 효율이 떨어지기도 했습니다. 하루 종일 체력을 잘 배분하여 육아에 써야 하는데 도서관 방문에 다 써 버리고 말았지요. 또 한 가지 이유는 책을 반복해서 읽는 아이들의 성향 때문이었습니다. 좋아하는 책은 수십 번도 더 반복해서 읽는데 도서관 대출은 길어야 3주로, 아이가 좋아하는 책에 푹 빠지기에는 턱없이 짧은 시간이었습니다.

첫째가 다섯 살이 된 해부터 도서관 대출을 조금씩 병행하기 시작했습니다. 아이의 관심사와 관련된 책을 모두 사서 모으기가 현실적으로 어려웠기 때문이에요. 처음에는 저 혼자 도서관에 가서 아이의 관심사와 관련된 책을 빌려 왔습니다. 2주에 한 번 도서관에 가서 책을 빌리고 반납하는 시간이 아이 셋 육아에서 잠시 해방되는 시간이기도 했습니다. 아이들이 아프거나 주말에 일이 생기면 빼먹기도 하고 가끔 책을 연체하기도 했지만 꾸준히 다녔어요.

어떤 때는 제가 고른 책이 대박이 나기도 했지만 어떤 날은 '대실패'인 날도 있었습니다. 분명 아이들의 관심사에 중점을 두고 골랐는데도 아이들 스스로 고르는 것과는 차이가 있었습니다. 그래서 아이들이 스스로 책을 고르게 하기 위해서 함께 도서관에 다니기 시작했습니다. 패션 감각이 좋은 사람들은 옷을 골라 본 경험이 많고, 자기 몸에 찰떡같이 어울리는 옷을 잘 고릅니다. 아이들이 책을 고르는 경험도 마찬가지입니다. 처음 도서관에 데리고 가 보니 아이들이 수많은 책의 중압감에 눌려서 책을 어떻게 골라야 할지 잘 몰랐습니다. 도서관 사서 선생님께서 전시해 놓은 책을 한두 권 고르고, 어쩔 줄 몰라서 여기저기에 있는 서가를 서성입니다. 눈에 띄는 책 한 권을 손에 들고는 몇 장 넘기다가 책을 덮어 버립니다. 여러 책을 뺐다 꽂았다 하느라 시간이 훌쩍 흘러갑니다. 도서관에 데려오면 스스로 책을 골라 진득하게 읽을 줄 알았는데 그렇지 않았어요. 책 고르느라 시간이 다 지나갑니다.

도서관을 자주 가다 보니 그것도 아이가 책을 찾는 방법을 배우는 과정 중의 하나였음을 알게 되었습니다. 책장을 뒤적이는 행위를 통해서 아이는 스스로 자기가 좋아하는 책을 찾는 방법을 알게 됩니다. 서가를 돌면서 재미있어 보이는 책을 찾기도 하고, 도서 검색용 컴퓨터에서 자신이 좋아하는 주제를 검색어로 찾아보기도 합니다. 화면에 나오는 책 중에서 마음에 드는 책을 골라 서가에서 그 책들을 찾아봅니다. 제목을 보고 이끌렸던 책을 한 장, 두 장 찬찬히 넘겨 보면서 기대에 알맞은 내용인지 탐색을 합니다. 목차도 살펴보고요. 마음에 드는 책은 쭉 읽어 내려가고 그렇지 않다면 다시 서가에 책을 꽂아 놓아요. 이렇게 여러 책을 구경하는 과정에서 아이는 자신의 관심사와 연결합니다. 호기심을 가지고 그 호기심을 해결하는 과정이기도 하지요. 여러 책의 제목과 목차, 책장을 넘기며 훑어보는 과정만으로도 자신의 관심사에 대해 끊임없이 관찰하고 생각하게 됩니다. 책의 내용과 자신의 관심사를 미세하게 매치시키면서요. 아이 스스로 관심사에 대한 지식과 생각의 깊이를 깊게, 넓이를 넓게 만드는 과정입니다.

혹시 도서관에서 책을 읽던 아이가 갑자기 없어져서 당황해 본 적 있으신가요? 그렇다면 아이가 평소에 좋아하는 서가 근처에 있을 확률이 높습니다. 책을 스스로 찾는 과정을 반복하다 보니 자기가 좋아하는 주제의 책들이 어느 서가에 있는지 알게 되더라고요. 아이들이 고르는 책 주제가 중복되는 경우가 많기 때문입니다. 그래서 특정 서가에서 보내는 시간이 많아져요. 저희 집 아이들의 경우 책을 읽다가 사라지면 막내는 800번대의 이야기책, 둘째는 400번대 서가의 곤충·동물책, 500번대의 요리책, 800번대의 이야기책 근처에, 첫째는 500번대의 과학책 근처에 가면 찾을 수 있습니다. 옆자리에 앉아서 책을 읽던 아이가 갑자기 사라지면 당황하지 마시고 평소 아이가 좋아하는 서가에 먼저 가 보시기를 권합니다.

　아이들 스스로 골라오는 책을 보면 아이들의 관심사가 자연스럽게 눈에 보입니다. 그때부터는 아이가 좋아하는 주제를 존중해 주고 격려해 주면 됩니다. 이 과정에서 편독은 자연스러운 현상입니다. 편독하는 동안 아이가 충분히 몰입할 수 있도록 도와주세요. 다양한 주제의 책을 읽히고 싶은 엄마의 마음을 다스릴 필요가 있습니다. 엄마의 바람대로 영역별로 골고루 책을 권하기 시작하면 아이 자신의 관심사대로 흘러가던 독서 흐름이 끊어지게 됩니다.

　저는 아이들이 도서관에서 책을 고르는 경험은 아이의 강점을 발견하는 좋은 방법이라고 생각합니다. 000번대의 총류, 100번대 철학, 200번대 종교, 300번대 사회과학, 400번대 자연과학, 500번대 기술과학, 600번대 예술, 700번대 언어, 800번대 문학, 900번대 역사까지 도서관에 있는 다양한 종류의 책은 우리 아이들이 선택할 대부분의 진로 영역을 다 담고 있습니다. 도서관에서 책을 고르는 경험 자체를 진로 체험의 축소판으로 생각해 볼 수 있어요. 책으로 경험해 보는 진로 체험이나 마찬가지입니다. 아이가 반복적으로 고르는 주제, 분야가 있다면 그것이 아이의 강점으로 연결되지는 않을지 세심한 관심을 기울여 볼 필요가 있습니다.

# 작은 구멍 후벼파기

한창 공부해야 할 중·고등학생 아이가 수년간 매일 아파트 옥상에 올라가서 죽은 무당벌레의 숫자를 세고 있다면 여러분은 어떻게 하시겠습니까? "공부나 한 자 더 하지 무당벌레나 보고 있냐?"라며 잔소리할 부모가 더 많을 거예요. (저 또한 마찬가지입니다.) 그러면 부모님 잔소리에 있던 관심도 달아나겠지요.

'왜 무당벌레들이 날아와서 조명 위에 죽어 있을까?'

이환희 학생은 중학교 1학년 때, 우연히 일식을 관찰하러 올라간 아파트 옥상에서 조명 위에 수북하게 쌓인 무당벌레 사체를 발견했습니다. 많은 무당벌레가 동일한 장소에서 죽는 데 의문이 생겨 '무당벌레 살리기 프로젝트'를 시작했지요.

먼저 핀셋, 카메라, 비닐봉지를 들고 매일 옥상에 올라가서 무당벌레 사체 수를 세고 어디서 제일 많이 죽는지 관찰했습니다. 환희는 유독 공원이나 하천 근처의 조명 쪽에서 무당벌레가 많이 죽어 있는 것을 발견했습니다. 비교를 위해 아파트 앞에 공원이나 하천이 없는 동, 조명이 없는 동에도 찾아가 무당벌레 사체 수를 확인했어요. 결과는 어땠을까요? 공원과 하천이 없는 동은 무당벌레의 사체가 적었고, 조명이 없는 동에는 하나도 없었습니다. 이 관찰을 통해 '조명 때문에 무당벌레가 죽는구나'라고 확신하게 되었지요. 환희는 그날 서점에 가서 무당벌레에 관한 모든 서적을 뒤졌습니다.

'우리 동 아파트 옥상에서 하루 평균 60~70마리의 무당벌레가 죽는다. 이 무당벌레들이 죽지 않고 쉬었다 가게 할 방법은 없을까?'

환희는 해결책으로 옥상 텃밭을 시도했습니다. 처음에는 시간도 많이 들고 성과도 없었다고 해요. 지쳐서 '다른 일을 해 볼까?'라는 생각이 들 때쯤, 살아 있는 무당벌레 한 마리를 발견했습니다. 살아 있는 무당벌레의 수는 점점 늘어났어요. 그렇지만 옥상 텃밭으로 무당벌레의 죽음을 막기는 역부족이었습니다. 더 적극적인 행동이 필요했습니다. 그래서 아파트 관리소장님을 찾아가 보고서를 보여드리고 인터뷰도 했지요.

"혹시 옥상 조명을 끄거나 무당벌레들이 덜 죽는 조명으로 바꿀 수 있을까요?"
"학생, 일리는 있어. 그런데 조명을 끄는 건 우리 아파트만 그렇게 할 수가 없어. 만약 조명을 바꾼다면 그 돈은 누가 내지?"

돌아오는 대답은 냉랭했지만, 환희는 포기하지 않고 구청의 관리소장님을 찾아갔습니다. 조명을 끄는 데는 실패했지만, 더 깊이 연구에 접근할 다른 방법을 얻었습니다. 가까운 대학교나 연구원에 가서 연구해 보는 게 어떠냐는 제안을 들은 거예요. 이후 인터넷을 통해 자신을 도와줄 사람을 찾던 환희는 경원대학교의 교수님을 만났고, 한 조명 회사 연구원을 소개받았습니다.

　연구원은 환희에게 아파트에 설치되어 있는 조명이 무당벌레들이 좋아하는 자외선을 내뿜는 특성이 있다는 사실을 알려 주었습니다. 그 자외선에 이끌린 무당벌레들이 날아와서 타 죽는 것이었어요. 마침내 환희는 자외선 차단 램프로 교체하면 무당벌레들이 더 이상 죽지 않는다는 사실을 알게 되었습니다. 기쁜 마음으로 주민들에게 이 사실을 알렸지만 거절당했습니다. '집값이 떨어진다'라는 이유였습니다.

　보통 아이들이라면 선행학습으로 바쁠 중3 때, 환희는 옥상 텃밭 관리를 이어갔습니다. 한 환경단체에서 옥상 텃밭을 분양받아, 폭풍우가 치는 날에도 비옷을 입고 옥상 텃밭을 완성했다고 해요. 열정이 대단하죠? 고1이 되자 연구 성과도 더디게 나오고 막막했다고 합니다. 그렇지만 포기하지 않고 연구를 이어 갔습니다.

　'옥상 텃밭만으로 무당벌레를 살리기는 역부족이야. 좀 더 열정적이고 적극적으로 발로 뛰어야겠다.'

환희는 아파트 동 각 세대 우편함에 옥상 조명의 위험성에 대해 알리는 자료를 넣었습니다. 조명 소등을 홍보하기 위해 동대표 회의에 참여해서 유인물을 돌리기도 했습니다. 다행히 많은 주민들이 연구에 동의했고, 드디어 옥상 조명 소등에 성공하게 되었습니다. 환희는 여기서 멈추지 않고 50대 건설사에 옥상 조명의 위험성을 알리고 설문지를 보냈어요. 열 네 군데에서 회신이 왔는데, 그중 환희의 아파트 건설사인 코오롱에서도 연락이 왔습니다.

'보고서와 연구를 봤다. 괜찮은 아이디어 같다. 우리 연구 단지에 와서 같이 의논도 하고 좋은 아이디어를 생각해 보자.'

이후 환희는 건설사에 가서 의논도 하고 친환경 건축물도 구경할 수 있었습니다. 코오롱 건설사에서 '산업 페인트'에 대해 알려 주었고, 삼화페인트에서는 연구원들을 보내 옥상 조명에 자외선 차단 페인트를 발라 주었습니다. 고등학교 2학년 때, 환희는 드디어 도료의 성능을 확인하게 되었어요. 사체가 쌓여 있던 전과는 달리, 적게는 한두 마리부터 많게는 서너 마리만 죽는 것을 확인했습니다. 중1 때부터 가졌던 한 가지 관심사를 5년이라는 긴 시간 동안 끈기 있게 탐구하여 해결한 셈입니다. 학업에만 집중해도 시간이 모자라는 대한민국 입시 현실, 어른들이 칭찬 대신 보내는 꾸지람을 극복하며 5년 동안 '무당벌레' 하나에 집중하고 연구한다는 것은 쉽지 않은 일입니다.

환희에게는 새로운 목표가 생겼다고 해요.

"우리나라뿐만 아니라 전 세계에 새로 짓는 아파트, 건물에 조명을 아예 설치하지 않거나 친환경 조명을 사용하도록 하는 것을 이 연구의 최종 목표로 삼았어요. 스스로 연구하면서 많은 발전이 있었습니다. 사람들을 많이 만나면서 대인관계가 원활해야 한다는 것을 알게 되었고, 생각의 깊이가 깊어졌어요. 생각이 다양해졌어요. 장래희망이 바뀌었는데요. 원래는 환경단체에 가서 일하고 싶었어요. 허황된 생각일지 모르겠지만 제2의 제인 구달이 되고 싶다는 꿈이 있었어요. 그런데 사람들을 많이 만나야 하니 사회학, 사람들과 대화해야 하니 심리학, 사람들에게 알려야 하니 언론홍보학에도 관심이 생겼어요. 연구하면서 느낀 것은 무조건 열정적으로 발로 뛰고 그래야 성과가 생길 수 있다, 용기를 가지고 하는 것이 중요하다는 것을 깨달았습니다."

환희는 '무당벌레의 죽음'이라는 한 가지 관심사를 깊이 연구하면서 많은 것을 배웠습니다. 진로 희망의 동기를 바탕으로 자신의 진로도 구체화할 수 있었습니다. 만약 무당벌레 연구를 하지 않았더라면 어땠을까요? 막연히 '환경단체에서 일하고 싶다'고 생각했을 아이가 자신의 미래에 대해 더 적극적이고 구체적인 그림을 그리고 있습니다. '사회학', '심리학', '언론홍보학' 등으로 관심 분야가 확장되며 깊어지고 있지요. 같은 학과에 입학한다고 하더라도 입시 공부만으로 점수에 맞춰 진학한 아이들과는 대학 생활에 임하는 태도부터 다를 것입니다.

5년간의 연구 과정은 《죽지 마, 무당벌레야!》, 《무당벌레 살리기》라는 두 권의 동화책으로 만들어졌습니다. 진정성 있는 공부는 이처럼 생각지도 못한 분야와 연결되기도 합니다.

환희의 연구가 5년간 이어질 수 있었던 원동력은 무엇이었을까요? 아이의 진심이 담긴 '관심사'였기 때문입니다. 끈기 있는 노력, 도전과 용기로 '자신만의 스토리'를 만들어 낸 것이지요. 대학이, 기업이, 미래 사회가 필요로 하는 역량을 갖춘 인재입니다.

《그냥 하지 말라》에서 저자는 앞으로 미래 사회에서 살아남기 위한 현실적인 방법은 '나만의 작은 비즈니스를 하되, 장인의 수준으로 끌어올리는 것'이라고 말합니다.

> 지금까지 우리가 했던 역할은 거대한 톱니바퀴의 한 파트였어요. 내 역할이 없지는 않지만 내가 아닌 다른 사람들로 대체될 수 있었죠. (…) 이제 그런 형태의 업무는 끝나고 있어요. 더 창의적인 일을 하고, 각자의 창의성이 시너지 효과를 일으키는 방향으로 인간의 일이 바뀌어 갈 것입니다. 그러니 우리의 이슈는 대체 가능하지 않은 상태가 되는 것입니다. 그것이 '내 것'이 되겠죠.

그렇다면 '대체 가능하지 않은 상태'가 되는 방법은 무엇일까요? 이 책에서는 두 가지 방법을 제시합니다. 하나는 플랫폼의 소유주가 되는 것입니다. 이 방법은 현실적으로 쉽지 않지요. 그래서 '한 가지 분야에 장인이 되는 것'이 더 현실적이라고 말합니다. 이쪽이든 저쪽이든

1등이 되어야 하고, 완전체가 되어야 합니다. 이것이 바로 남들과 똑같은 길, 입시 로드맵만으로는 미래 사회에 대응할 수 없는 이유예요.

제가 찾은 방법은 '아이의 관심사'라는 작은 구멍을 찾고 그 구멍을 깊게 파도록 도와주는 것입니다. 하나의 작은 구멍을 깊게 파고 나면 아이는 또 다른 구멍을 찾습니다. 그 구멍이 여러 개가 되면 서로 이어져 결국 '길'이 될 수 있습니다. 첫째 아이의 첫 관심사 구멍은 자동차였지만 그것이 종이접기로, 로봇으로, 드론으로, 공룡으로, 지층으로, 화산으로 확장되었습니다. 하나의 구멍은 점점 깊이가 깊어지고, 관심사 구멍의 개수도 하나둘씩 늘어 갑니다. 자동차라는 관심사 구멍을 깊이 파 본 경험 덕분에 다른 관심사 구멍에도 깊숙이 들어갑니다.

아이가 좋아하는 것이 생겼을 때 '공부에 방해되는 것'이라는 인식에서 벗어나 '강점을 만들 기회'라고 생각해 보는 건 어떨까요? 앞으로는 저성장 시대, 분화된 사회가 될 것이라고 미래학자들은 예측합니다. 아이스크림 하나를 먹어도 수제 아이스크림을 찾고, 수제 아이스크림 중에서도 특별한 스토리가 있는 아이스크림을 일부러 먼 곳까지 찾아가서 먹는 세상입니다. 더 이상 예전처럼 다 같이 마트에 파는 아이스크림을 먹지 않지요. 이런 저성장 시대, 분화된 사회에서는 작은 '디테일'이 점점 더 중요해진다고 합니다. 아이만의 촘촘한 구멍을 엮어서 만들어 낸 디테일이 큰 기회를 가져다줄지도 모르는 세상입니다.

딱풀로 붙이는
아이들의 꿈

　놀이터에서 아이를 잃어버린 경험이 있으신가요? 주위를 아무리 둘러봐도 아이는 없고 이름을 불러도 대답이 들리지 않는 순간, 머리는 멍해지고 온몸에 힘이 빠집니다. 둘째가 아장아장 걷기 시작하던 꼬꼬마 시절, 놀이터에 나가면 이런 일이 종종 벌어졌습니다. 한참을 넋 놓고 아이를 찾아 헤매다가 놀이터 근처 화단에 앉아 꽃과 풀을 보고 있는 아이를 발견할 수 있었습니다. 아이는 키 작은 나무에도 쉽게 가려 잘 보이지 않았던 거죠. 둘째는 놀이터에 가도 놀이기구에는 별 관심을 두지 않은 채 놀이터 옆 화단으로 걸어 들어가는 일이 많았습니다. 바닥에 있는 흙도 만지고, 풀도 만지고, 꽃도 보고, 돌도 주우며 놀았지요. 화단에 꽃이라도 피거나 열매가 맺혀 있으면 쇠붙이가 자석에 이끌리듯 화단으로 달려갔습니다. 어린 아기가 화단 안에서 한참을 집중해서 노는 모습은 참 신기했습니다.

　둘째는 집에 있는 자연 관찰 책도 좋아했습니다. 화단에서 보았던 민들레꽃이 책에 나오면 무척 반가워하며 책에 나오는 설명도 더 집중해서 보았지요. 땅에서 기어 다니는 개미를 관찰한 날에 개미와 관련된 책을 읽으면 아이의 관심도와 이해도가 쑥 올라갑니다. 책을 읽은 다음 날, 화단에서 민들레나 개미를 보면 박사가 된 것처럼 아이가 책 속에서 보았던 이야기를 줄줄 쏟아 냅니다. 책에서 봤던 것을 눈으로 직접 확인하는 과정을 거치는 거죠. 둘째는 그 과정 자체를 매우 흥미로워했습니다.

민들레 씨앗이 맺히면 씨앗을 입김으로 후후 불어 날리는 장난을 자주 했습니다. 누가 더 멀리 부나 내기를 하기도 하고요. 그렇게 일상에서 하던 놀이가 '민들레가 씨앗을 멀리 퍼트리는 방법'이었다는 것을, 아이들은 책을 통해서 알게 됩니다.

"엄마, 알파인 스키는 규칙이 뭐야?"

2022년 2월, 베이징에서 동계 올림픽이 열렸어요. 2018년 평창 동계 올림픽 당시 종이로 된 벽돌 블록을 발밑에 놓고 쇼트트랙 선수 놀이를 했을 정도로 쇼트트랙에 열광했던 아이들은 베이징 동계 올림픽을 앞두고 무척 기대했습니다. 초등학생 형이 되었다고 이제는 동계 올림픽의 다른 종목에도 관심을 가집니다. 스포츠를 교과서로만 배운, 스포츠에 무지한 엄마는 아이의 궁금증을 다 해결해 줄 수가 없었어요. 마침 도서관에 가니 《동계 올림픽 백과》, 《동계 올림픽 완전 대백과》 두 권의 책을 찾을 수 있었습니다. 겨울 방학이라 시간적 여유도 많다 보니 책에서 궁금한 내용을 찾아보며 궁금증을 해결할 수 있었어요. 관심 있는 경기는 TV로 관람하면서 책에서 보았던 경기 규칙들을 확인하기도 했습니다.

　"엄마, 노르웨이다!"

　선수 소개에 뜨는 국기를 보며 아이가 말했습니다. 저희 집 아이들은 '국기로 나라 이름 맞추기' 놀이를 가끔씩 합니다. 한 명이 문제를 내고 두 명이 대결하는 방식으로, 맞추는 사람이 카드를 가져가고 마지막에 카드를 가장 많이 모은 사람이 이기는 놀이예요. 현재까지는 첫째가 독보적 1위고 보통 둘째가 2위, 막내가 3위를 가져갑니다. 아직 나이 차를 무시할 수 없을 시기니 그럴 수밖에 없죠. 그런데도 둘째는 항상 서운해합니다. 그런 둘째가 TV에 소개되는 국기를 보고 무척 반가워했어요. 세계 국기 카드에서 보던 평면적인 지식이 동계 올림픽 중계 속에서 입체적인 지식으로 바뀐 것이지요. 국기의 역할과 쓰임새에 대해서도 자연스럽게 알게 되었습니다.

　《읽는 인간, 리터러시를 경험하라》에서는 아이들의 성장이 수직적이고 수평적으로 일어난다고 말합니다. 학교에서는 과목별, 학년별로 배워야 할 지식이 있고, 그것이 학년이 올라가면서 심화되고 반복됩니다. 이것이 시간 축에 따르는 수직적인 성장입니다. 수평적인 성장은 공간적인 개념으로, 학교 안팎의 다양한 지식 영역과 삶의 경험, 문제

상황, 리터러시(문해력) 실천을 의미합니다. 저의 말로 다시 표현하자면, 학교에서 교과라는 정형화된 틀로 배운 지식을 일상생활에 가지고 와서 잘 적용하고 실천할 수 있어야 합니다. 반대로 일상에서 배운 것을 교과 지식을 통해 더 체계화시킬 수도 있어야겠지요. 따라서 일상에서의 배움과 책 속의 지식이 상호보완 되어야 진정한 성장이 이루어진다고 볼 수 있습니다.

이를 위해서 아이들은 일상에서 보고 듣고 궁금했던 것은 책으로 찾아보고, 책에서 본 것은 일상에 다시 대입해 보려고 노력하고 있습니다. 문해력의 성장도, 미래 역량의 성장도 결국은 일상에서부터 시작해야 합니다. 학습 또한 마찬가지입니다. 일상과 연관되면 아이들은 배움에 열의를 가집니다. 대학 시절, 두꺼운 전공 서적을 읽을 때 엉덩이가 들썩거리던 경험을 떠올려 보세요. 강한 인내심 없이는 읽어 내려가기도 힘이 듭니다. 저도 마찬가지예요. 전공으로 배우던 교육 심리학책은 그렇게 재미가 없었는데, 떼쓰는 저희 아이를 보며 다시 교육 심리학책을 꺼내 들었을 때는 책이 저절로 읽힙니다. 왜 그럴까요? 저의 일상과 연결되어 있고, 필요성을 느껴서 읽은 것이기 때문이지요.

저는 주로 고학년 담임을 맡았는데, 초등학교 고학년만 되어도 소위 '나가떨어진' 아이들이 많이 보입니다. 대개 자신의 관심사와 동떨어진 학습을 본인의 역량을 넘어선 수준으로 수년간 이어온 아이들이 이런 모습을 보입니다. 이렇게 학습에 지친 아이들은 배움에 대한 열의를 잃습니다. 학습에 무기력해지죠.

아이의 일상과 학습을 연결하면 자연스러운 배움이 일어납니다. 일상에서의 배움이 나의 호기심을 해결해 주고 내가 맞닥뜨린 문제를 해결해 주니 배움에 대한 긍정적인 인식을 가집니다. 학습이라고 여기지 않지만 아이는 배우고 있어요. 그것도 즐겁게요. 아이의 일상과 지식이 끈끈하게 연결되는 셈이지요. 화단에서 꽃을 관찰하는 아이는 책을 통해 꼬마 식물 박사가 되고, 도로에서 보이는 자동차가 사라질 때까지 그 자리를 떠나지 못하는 아이는 꼬마 자동차 박사가 됩니다. 아이들의 관심사도 자연스럽게 알게 됩니다.

첫째와 둘째는 어릴 적부터 뚜렷한 관심사를 가지고 있었어요. 첫째는 자동차로 시작해서 공룡, 종이접기 등으로 이어졌고 둘째는 동식물에 관심이 많았는데 그것이 또 요리로 이어졌습니다. 그런데 막내의 경우에는 뚜렷한 관심사가 별로 없었습니다. 머리끝부터 발끝까지 핑크로 물들이던 네 살, 핑크 요정 시절에는 '공주'에 관심이 있는 것 같았어요. 그런데 그냥 공주처럼 핑크로 꾸미고 싶었던 것이지, 공주 자체에 큰 관심을 둔 것은 아니었습니다. 책이나 다른 활동으로 잘 확장이 되지 않았지요.

이때, 일상 속에서 시각화를 통해 아이의 관심사를 찾을 수 있었습니다. 저는 아이들의 그림이나 작품을 거실 한쪽 벽에 붙여 주었습니다. 그 후로는 아이들이 스스로 자신의 그림이나 종이접기 작품을 방문이나 거실 벽에 붙입니다. 막내도 자연스럽게 오빠들을 따라 그림을 그려 방문에 붙였지요. 그런데 막내의 그림을 보니 유독 동물이 자주 등장합니다. 그 그림을 보면서 산책길에 만난 강아지나 고양이에게도 스스럼없이 다가가는 아이의 평소 모습을 떠올리게 되었어요. 거실 벽 덕분에 막내의 관심사를 찾아낸 셈입니다. 도서관에 가서 동물 도감 책을 한 권 빌려왔는데 몇 번을 반복해서 재미있게 읽었습니다. 오빠들이 보고 있는 영어 DVD에 동물이 나오면 어느덧 옆자리를 차지해 같이 봅니다.

물론 마음 같아서는 말끔한 집을 만들고 싶어요. 모델 하우스처럼 미니멀한 가구와 소품으로 꾸미고 싶습니다. 하지만 그것은 저의 이상일 뿐, 현실은 거실 한쪽 벽면과 방문에는 늘 아이들의 작품이 붙어 있습니다. 아이들 스스로 붙인 것이 대부분이어서, 그마저도 삐뚤빼뚤하고 테이프가 덕지덕지 붙여져 있는 경우가 많습니다. 너무 대충 붙여 놓은 바람에 그림이 바닥에 뒹굴기도 합니다. 하지만 깔끔함을 내려놓으니 아이들의 관심사를 눈으로 확인하기 쉬워졌어요. 오늘도 아이들이 생활하는 공간에 아이들이 만든 작품을 가까이 두고 일상을 배움과 연결하고 있습니다.

해결해야 할 문제가 있는데 해결책을 찾지 못할 때는 참 답답합니다. 공개 수업을 앞두고 지도안을 짜야 하는데, 마음에 쏙 드는 아이디어가 떠오르지 않습니다. 답답하죠. 책상에 앉아서 교과서와 지도서도 펴고, 수업 자료도 찾아보지만 무언가 2퍼센트씩 부족합니다. 오랫동안 머리를 싸매고 고민해도 답을 찾지 못하던 중, 주말에 공원 산책을 하다가 불현듯 아이디어가 떠오릅니다.

과학자 아르키메데스가 왕관이 순금인지 알아내기 위한 방법을 찾다가 "유레카!"를 외친 곳은 실험실이 아닌 목욕탕이었습니다. 해결책을 찾기 위해 많은 생각과 고민을 거듭했지만, 막상 해결책이 떠오른 때는 책을 보는 순간도, 실험하는 순간도 아니었습니다. '목욕하는 순간'이었죠.

우리도 가끔 비슷한 경험을 하곤 합니다. 우리가 몰입해서 집중하는 순간보다 비몰입 상태, '멍 때리는 순간'에 그토록 찾던 해결책이 불쑥 튀어나오지요. 《멍 때리기의 기적》에서는 이런 상태를 '뇌가 비활성화

된 집중을 하는 상태'라고 말합니다. 우리 뇌에는 집중 회로와 비집중 회로가 있습니다. 그중 비집중 회로가 작동되는 것이죠. 집중 회로는 우리가 해야 할 일을 생산성 있고, 예리하고, 명석하게 하도록 합니다. 하지만 이것만으로는 충분하지 않습니다. 집중 회로만 작동하는 상태는 피아노 연주자가 곡을 정확하게 연주하지만 '마음'을 담아내지 못하는 것과 같다고 합니다. 손전등처럼 바로 눈앞에 있는 길만 밝히기 때문입니다. 반대로 비집중 회로는 집중 손전등의 불빛을 깊고 넓게 확산시킵니다. 시야를 넓혀 주는 뇌 회로지요.

아이들이 바쁘게 일상을 살아갈 때는 비집중 회로가 작동하기 어렵습니다. 빽빽하게 짜인 시간표와 스케줄, 학원 숙제가 아이들의 하루를 채우고 있어요. 아이들은 집중 손전등 불빛을 켜고 하루를 살아가고 있는 거예요. 이때는 주위를 둘러볼 여유는 물론, 자기 자신의 생각이나 마음을 둘러볼 여유도 없습니다. 시야가 좁아지지요. 저희 집 아이들도 학기 중에는 바쁩니다. 학원 수업이 많지 않아도 바빠요. 그러다가 모처럼 긴 연휴나 방학을 맞으면 시간적인 여유가 생깁니다. 특히 겨울 방학은 날씨가 추워서 바깥 활동도 어려운 데 비해 방학이 길어요. 이럴 때 아이들의 강점 씨앗이 조금씩 싹틉니다. 강점 씨앗의 발견은 영감을 얻는 것과 비슷해요. 의식하지 않는 순간에 갑자기 찾아옵니다.

첫째 "엄마, 저 택배 상자 써도 돼?"

엄마 "응. 써도 돼."

첫째가 방에서 뒹굴다가 심심했는지 택배 상자를 칼로 자르고, 테이프로 붙이고, 나무젓가락을 끼우더니 '뽑기 기계'를 만들었다며 저에게 가져옵니다. 방학 내내 집에 도착하는 택배마다 내용물을 꺼내고 난 박스로 금고, 축구 게임기 등을 만들었습니다.

시간을 보내다 보내다 심심해서 겨우 집어든 책에 푹 빠져 헤엄치기도 합니다. 방학 때 주로 '몰입 책'을 만나는 이유이죠. 시간적 여유가 있으니 마음의 여유도 생기고, 무언가 새로 시도해 보고자 하는 욕구가 꿈틀거립니다. 아이들은 대개 심심한 것을 견디지 못해요. 그때 우연히 시작한 것들이 아이의 관심사가 됩니다. 이렇게 '멍 때리는' 시간을 보내면서 아이는 에너지를 모아 갑니다.

학교에서는 대부분의 활동이 교과로 짜여 있어 정해진 틀에서 벗어나기가 어렵습니다. 그렇지만 지금까지는 좋은 대학을 나오면 좋은 직업을 가질 수 있었기 때문에 명문대 입학을 위해 교과 공부를 열심히 했습니다. 그런데 이제는 학벌보다 본인이 가진 역량이 더 중요한 시대가 되었습니다. 교과 공부 외에 다양한 경험을 쌓으면서 '삽질'을 해 봐야 합니다. 여기서 말하는 삽질은 이것도 해 보고 저것도 해 보면서 성공도 해 보고 실패도 해 보는 다양한 탐색의 과정입니다. 이때 '멍 때리기 공부'를 통해 모인 에너지를 쓰는 거죠. 그 에너지는 '삽질 공부'로 연결됩니다.

이렇게 삽질 공부를 여러 번 하다 보면 아이 스스로 관심사를 찾을 수 있습니다. 《멍 때리기의 기적》에서는 미국에서 인지도 있는 셰프이자 레스토랑 경영자, '현대 미국 요리의 아버지'인 조너선 왁스먼

Jonathan Waxman의 이야기가 소개됩니다. 그는 록밴드 출신에서 요리를 하는 셰프로 변신했습니다. 금발 머리카락을 길게 늘어뜨리고 헤드뱅잉을 하는 록스타와 매우 엄격한 규율을 중시하는 요리의 세계는 전혀 공통점이 없어 보입니다. 하지만 왁스먼은 이렇게 말했습니다.

> "음식은 음악과 강력한 상호 관계가 있습니다. 진짜 결과물을 얻을 때까지 많은 시간을 들여 장작을 쌓고, 썰고, 저미고, 다져야 하니까요."

또, 그는 샤넬이 '리틀 블랙 드레스Little Black Dress'를 만드는 과정을 예로 들었습니다.

> "그 옷을 완벽하게 만들기 위해 천을 얼마나 많이 잘랐을까요? 셀수 없을 만큼 많이 잘랐겠죠? 음식도 다르지 않습니다."

왁스먼은 이것이 진짜 결과물을 얻는 방식이고, 자신의 대표 음식인 닭고기구이처럼 최대한 스스로를 상징할 수 있도록 일하는 방식이라고 말합니다.

유명세에 물들었던 왁스먼은 페라리를 타고 시내를 돌아다니며 광란의 밤을 보냈습니다. 이처럼 무절제하게 돈을 쓰다가 불황을 맞아 레스토랑 문을 닫게 됩니다. 그는 5년 정도의 공백을 딛고 레스토랑 기업 컨설턴트로 일하다가 여러 레스토랑을 순차적으로 개업하면서 다양한 메뉴를 선보였습니다. 이 책에서는 이런 그의 성향을 '주기적으로 첨병대는 성향'으로 번역하고 있습니다. 이것을 저의 언어로 해석해 보면 '삽질 정신'입니다.

삽질 정신을 가진 왁스먼은 메뉴를 계속 바꿨고, 그때마다 좋은 평을 들은 것은 아니지만 그의 요리 기술을 찬양하는 많은 사람들에게 우상으로 남을 수 있었습니다. 요리와 음악, 두 영역에 대한 열정을 가진 왁스먼은 음악 산업의 중심지로 부상하는 도시에 레스토랑을 개업하기도 했습니다. 이처럼 내면의 목소리에 귀를 기울이고, 전통적인 학습과 교육의 경계 밖에서도 행동할 수 있어야 자신의 최대 장점을 충분히 살릴 수 있습니다.

삽질을 통해서 자신이 좋아하는 것을 찾았다면 어떻게 해야 할까요? 도서관에 가서 책도 찾아보고, 관련된 영상도 찾아보는 등 다양한 경험을 해 보아야 합니다. 그것이 쌓이고 쌓이면 그 분야를 깊이 있게 알게 되겠지요. 아이의 관심 분야가 하나에 그치지는 않을 것입니다. 관심 분야마다 각각 우물을 파듯이 깊이 있게 파다 보면 그 우물들이 어느 순간 물줄기를 통해 만나 크게 하나로 합쳐질 수 있습니다. 그러면 그것은 누구도 따라올 수 없는 아이만의 우물, 즉 강점이 됩니다.

학교에서는 정해진 교육과정이 있고 그 과정대로 진도를 나가기에도 벅찹니다. 멍 때리기 공부나 삽질 공부를 할 여유가 없습니다. 아이들 개개인에게 맞는 경험을 제공하기도 사실 어렵습니다. 하지만 가정에서는 개별화 교육이 가능해요. 따라서, 아이의 관심사와 아이의 속도에 맞춰서 나아갈 수 있습니다.

거스를 수 없는 힘, 몰입

엄마가 되니 '밥 안 먹어도 배부르다'라는 말에 공감할 때가 있습니다. 몇 가지 포인트가 있지만, 제 경우는 아이들이 무언가에 집중하고 있을 때가 그런 순간 중 하나입니다.

아이가 로봇을 만들고 있습니다. 한참이 지나도 그대로 만들고 있어요. 그 순간에는 아이를 불러도 대답도 잘 하지 않습니다. 엄마가 부르는 것도 듣지 못하고, 심지어 좋아하는 간식을 차려 놓아도 관심이 없습니다. 그 순간만은 아무에게도 방해받지 않고 세상에 오직 자신과 몰입한 대상만 존재하죠. 몰입에서 빠져나오면 아이는 이야기합니다.

"엄마, 벌써 시간이 이렇게 됐어?"
"왜 간식 먹으라고 부르지 않았어?"

분명 저는 간식을 먹으라고 몇 번이나 불렀는데, 억울한 일입니다.

심리학자 칙센트미하이는 몰입에 대해 이렇게 설명합니다.

"어떤 활동에 너무 열중해서 다른 어떤 것도 중요하지 않은 상태다. 그 경험 자체가 너무 즐거워서 이를 위해서라면 아무리 큰 대가라도 치르려 할 것이다."

몰입이란 '최적 경험optimal experience'으로, 다음 여덟 가지 특징을 보인다고 합니다.

- 온전한 집중
- 목표에만 집중하기
- 시간이 빨라지거나 느려지는 느낌
- 경험 자체가 보상 같은 느낌
- 수월한 느낌
- 힘들지만 지나치게 어려지는 않은 경험
- 거의 저절로 행동이 이뤄지는 느낌
- 하고 있는 일에 편안함을 느낌

고강도의 몰입을 경험한 사람들의 경험담을 들어볼까요? 전설적인 테니스 선수인 빌리 진 킹은 다음과 같이 말했습니다.

"그 순간 나는 경기를 중단하고 이렇게 외치고 싶었다. '바로 이거야. 이게 전부라고!' 실제로 그러했다. 경기가 끝나고 내가 어떤 상을 받을 것인지는 아무 관심이 없었다. 온전히 순수한 그 순간, 완벽한 그 감정을 경험하는 것이 전부였다."

농구선수 마이클 조던도 비슷한 이야기를 한 적이 있습니다.

"이 느낌이 오면 그저 감사하면 된다. 자기 자신을 벗어난 것 같은 느낌, 리듬을 타는 느낌이다. 거스를 수 없는 커다란 힘이다."

몰입에는 쾌감이 있습니다. 아이들도 몰입에서 빠져나오면 "시간이 가는 줄도 모를 정도로 재밌었다"라고 하며 즐거움을 느껴요. 결과는 중요하지 않습니다. 아이들은 그 순간을 즐긴 것 자체에 성취감을 느낍니다. 자신의 집중력에 놀라기도 하지요. 자존감에 긍정적인 영향이 더해지는 결과는 덤입니다.

아이들이 어릴 적부터 제가 지켜 왔던 몇 가지 육아 원칙이 있습니다. 그중 하나가 '아이의 몰입을 깨지 않는 것'이었습니다. 아이가 무엇에 집중하고 있다면 그것을 방해하지 않기 위해서 노력했습니다. 자주 오지 않는 아이의 몰입 시간이 귀하게 느껴졌기 때문입니다. 아이에게 할 말이 있어도 기다렸습니다. 만약 부부가 대화할 일이 있다면 자리를 피해서 이야기했고, 밥을 먹을 때라면 식사 시간을 조금 늦췄습니다. 아이 셋이 모두 몰입해 있는 순간에는 더욱 조심했습니다. 한 명이라도 몰입에서 빠져나오면 와장창하고 모두의 몰입이 깨지기 때문이지요. 대신 셋 모두가 집중한 순간에 아이들은 더 깊이 빠져들었고, 몰입은 더 오래 지속되었습니다. 몰입에도 함께하는 힘이 있나 봅니다.

이처럼 몰입의 순간이 반복되면, 아이들이 언제 몰입하게 되는지 공통점을 발견할 수 있습니다. 답은 바로 '좋아하는 것을 할 때'였습니다. 좋아하는 일에는 자연스럽게 끌리는 마음이 들고, 끌리는 마음을 따라 시작하면 푹 빠지게 되죠. 또, 반대로 어쩌다 관심이 생겨서 해 봤는데 재미있어서 하다 보니 몰입이 되는 경우도 생깁니다.

그렇게 몇 번 몰입을 경험하고 나면 아이는 성장합니다. 몰입해서 한 일의 실력이 늘 뿐만 아니라 그 일을 대하는 아이의 태도도 성장합니다. 굉장히 자부심을 가지게 되고, 아이 스스로도 성장했다는 것을 느낄 수 있어요. 그러니 자연스럽게 그 일을 더 좋아하게 되는 선순환이 일어납니다.

아이들이 어떤 일을 할 때 몰입하는지 한번 살펴보세요. 그 순간들을 잘 살펴보면 아이들의 관심사를 찾을 수 있습니다. 그리고 그렇게 관심사를 찾았다면 아이들이 또 다시 몰입할 수 있도록 도와주세요. 좋아하는 것을 자주 접하게 해 주고 시간적 여유를 주는 거예요. 그러다 보면 아이들은 자기가 좋아하는 것이니 자연스럽게 몰입하게 될 것입니다. 그러면 자신의 관심사에 조금씩 실력도 붙기 시작할 겁니다. 그렇게 하나씩 강점으로 만들어 가 보는 거죠.

3장

흥미편 :
관심에서
자라나는 **강점**

강점 집공부, 이렇게 하고 있습니다

우리는 '대학 입시'라는 정해진 밑그림에 아이를 끼워 맞추려고 합니다. '초등학교 저학년 때는 영어 공부를 최대한 미리 해 두어야 하고, 고학년부터는 수학 선행학습을 시작해야 하며, 국어는 독서부터 시작해서 논술까지 저학년 때부터 찬찬히 준비해야 한다'는 나름의 로드맵이 암묵적으로 합의되어 있습니다. 많은 부모들이 수능 1등급, 상위 4퍼센트라는 숫자 틀 안에 맞추기 위해서 아이들을 당기고, 늘리고, 자르고, 모양새를 맞추려 합니다. 하지만 모든 아이들이 그 틀에 맞춰지지는 않습니다. 모든 아이들이 들어갈 수도 없는 구조이지요.

하지만 아이의 강점을 찾아 주는 집공부는 다릅니다. 강점 집공부는 도화지에 밑그림부터 자유롭게 그려 가는 공부입니다. 주어진 길이나 해답이 없어요. 오직 아이의 관심과 흥미에 귀 기울이며 그리는 선으로 하나의 그림을 완성하는 것과 같습니다. 그러니 아이들이 실제로 그린 그림처럼, 모두의 그림이 저마다 다릅니다. 다른 사람과 비교할 필요도 없어요. 남과 비교한다고 해서 내 그림이 그려지지는 않지요. 아이는 스스로 자기만의 그림을 그려야 합니다.

저는 강점 집공부의 교육 방법을 되돌아보며 핵심을 찾아보았습니다. 하지만 이 방법이 무조건적으로 정답은 아닙니다. 아이가 관심을 보이는 주제에 따라서 필요한 공부 방법이 모두 다르기 때문입니다. 모호하게 들릴 수도 있지만, 아이의 여러 관심사를 그때그때 충실하게 따라가는 것이 정답이고 가장 훌륭한 공부 방법입니다. 제가 아이들과 함께 했던 집공부 방법을 참고하셔서, 각자 우리 아이만의 강점을 개발하는 공부법을 찾아보시기 바랍니다.

① 아이의 관심사 확인

아이들과 함께 시간을 보내다 보면 놀이 관찰, 아이와의 대화, 도서관에서 고르는 책, 몰입하는 일 등을 통해서 아이의 관심사를 확인할 수 있습니다. 주로 많은 시간을 보내거나 즐거워하는 활동, 엄마에게 와서 시시콜콜 자주 하는 이야기 등이 아이의 관심사와 연결이 됩니다. 아이의 관심사를 확인하는 것이 강점 집공부의 시작입니다. 꼭 거창한 관심사가 아니어도 좋습니다. 아이가 지나가는 강아지를 유난히 좋아한다면 강아지에 대해서, 아파트 화단에 있는 꽃을 자주 살핀다면 꽃에 대해서 아이와 함께 하나씩 공부해 보면 됩니다.

② 연계 독서

저는 아이가 관심을 보이는 분야가 있으면 가장 먼저 하는 일이 '도서 검색'입니다. 자동차를 좋아하면 인터넷 서점, 도서관에서 '자동차'를 검색합니다. 그중에서 아이의 취향, 수준을 고려하여 책을 고릅니다. 제가 먼저 골라서 추천해 주기도 하고 아이와 함께 고르기도 합니다. 이왕이면 아이와 함께 골라 보세요. 그러면 평소에 책 읽기를 좋아하지 않는 아이라고 해도, 자신의 관심사이기 때문에 흥미를 보일 가능성이 높습니다.

만약 독서 습관이 잘 잡혀 있지 않다면, 고학년이라 할지라도 그림책으로 시작해도 괜찮습니다. 아이의 관심사를 주제로 한 그림책부터 읽어 보기를 권합니다. 그림책으로 시작하여 서서히 글밥을 늘리고 수준을 늘려 가도 됩니다.

저희 집은 아이들의 관심사가 생기면 '도서관 털기'를 합니다. 도서관에 있는 관심사 관련 주제의 책을 최대한 다 찾아서 읽는다는 뜻으로 붙인 이름입니다. 그렇다고 해서 그 많은 책을 다 읽는 것은 아닙니다. 아이의 취향이 아닌 것은 과감히 넘기지요. 그렇게 한 도서관에 있는 책을 다 읽으면 다음 도서관으로 넘어가서 다시 도서관 털기를 시작합니다.

아이가 관심사와 관련된 책을 다 읽을 수도 있고, 의외로 도서관에 비치된 책이 다양하지 않은 주제도 있습니다. 이럴 때는 주변에 있는 다른 도서관에서도 검색해 보세요. 그래도 마땅한 책이 별로 없을 경우, 도서관에 '희망도서 신청'을 할 수 있습니다.

◆ 도서관 이용팁

희망도서 신청	도서관 홈페이지에 접속해서 '희망도서 신청'란을 찾습니다. 책 제목을 입력하면 미보유 도서인지 확인 후 신청이 가능합니다. 저희 지역 도서관은 1인당 월 세 권씩 신청할 수 있어요. 가족 모두 신청하면 꽤 많은 책을 신청할 수 있습니다. 이후 책이 들어오면 희망도서 신청자에게 제일 먼저 책을 대여해 줍니다. 새 책을 빌려 볼 수 있는 장점이 있어요.
바로대출 서비스	요즘은 '바로대출 서비스'를 시행하는 도서관도 많습니다. 도서관 홈페이지에서 희망도서를 신청하고, 집 근처 서점에서 책을 대출·반납하는 시스템입니다.
상호대차 서비스	원하는 책이 주로 이용하는 도서관에 없을 때, 같은 지역 내의 다른 도서관의 책을 주로 이용하는 도서관에서 대출·반납할 수 있는 서비스입니다.
책이음 서비스	하나의 회원증으로 전국 어느 도서관(책이음 가입 도서관)에서든 도서 대출이 가능합니다. 책이음 서비스의 또 다른 장점은 A 도서관에서 대출한 권수와 상관없이 B 도서관에서 다시 1인 대출 한도만큼 책을 빌릴 수 있다는 거예요. 책을 많이 빌리는 경우에 유용합니다.
책바다 (국가상호대차 서비스)	자주 가는 도서관에 원하는 책이 없을 때, 책바다 서비스를 제공 중인 다른 도서관에 신청하여 소장 자료를 이용할 수 있습니다. 전국 도서관 자료를 공동으로 활용할 수 있는 서비스입니다.

아이의 관심사라고 하더라도 책 읽기는 또 다른 문제일 수 있습니다. 철저히 아이의 수준과 흥미를 기준으로 해서 아이가 관심을 보이지 않는 책이라면 과감히 넘어가도 괜찮습니다. 꼭 공부해야 할 교과서가 아니니까요. 아이에게 관심 있는 분야를 즐겁게 공부하는 방법을 알려 주고, 습관화하도록 도와주는 것이 더 중요합니다.

③ 영상 자료 보기

요즘은 양질의 영상 자료를 찾기가 수월합니다. 유튜브 검색만 잘 활용해도 아이가 관심을 보이는 주제에 대한 영상을 많이 찾을 수 있습니다. 어려운 주제라면 관련 책을 읽기 전에 영상을 먼저 보여 주세요. 사전 지식을 쌓으면 책 읽기를 조금 수월하게 해낼 수 있습니다. 만약 독서에 무리가 없다면 책을 다 읽은 후에 정리용으로 영상 자료를 활용할 수 있습니다.

유튜브

////// 한국어 영상 //////

- 내셔널지오그래픽 : 사회, 과학 전반을 다룸

- EBS 지식채널 e : 다양한 분야에 걸친 5분 정도의 영상

- 호기심 딱지 : 인체, 동물, 기후, 환경, 과학

- 뭐든지 해결단 : 운동, 직업, 요리, 과학, 한국사, 세계사

- 스쿨랜드 : 과학, 철학, 인성, 예술, 사자성어, 한자왕국, 학습송, 틴틴인터뷰(유명인들의 10대 인터뷰), 절대비법(학교생활, 자신감 향상 비법), 초등생활 매너백서 분야의 강의

- 과학 땡Q : 초등학교 3·4학년 교육과정 기반, 5분 길이의 미니 다큐멘터리

- 달그락달그락 교과서 실험실 : 5·6학년 교과서 실험과 원리 설명

////// 영어 영상 //////

아이가 영어를 배우고 있다면 관심사와 관련된 영상으로 영어 공부를 해 보는 것도 좋은 방법입니다. 한 가지 주제에 대해 다양한 방법으

로 접근할 수 있다는 장점이 있습니다. 한국에서 접근하는 방식과 다른 방식으로 접근하는 경우도 많아서 다양한 시각으로 공부할 수 있습니다. 훨씬 다양한 영상을 찾을 수 있어요.

- National Geographic : 사회, 과학 전반을 다룸
- Free School : 지구과학, 생명과학, 동물, 고대 이집트, 우주과학, 위인 등
- BBC Earth Kids : 맹독성 동물, 동물 그림 그리는 방법, 반려동물, 곤충, 호기심 질문 등
- Homeschool Pop : 미국 50개 주, 초등학생을 위한 과학·역사·수학 등

에픽(epic)

온라인 영어 도서관으로, 무료버전과 유료버전이 있습니다. 책, 동영상, 오디오북을 활용할 수 있어요. 주제별로 책과 동영상 및 오디오북이 잘 정리되어 있고, 영어 읽기 레벨에 맞게 검색하는 기능도 있습니다. 특히 비문학, 지식책을 활용하기에 좋아요.

④ 인터넷 자료 찾아보기

책과 동영상이 아니더라도 신문, 잡지, 각 지역 시청 홈페이지 등을 통해서 자료를 찾을 수 있습니다. 어린이 신문사, 어린이 잡지사 홈페이지에 가면 다양한 주제의 글이 있습니다. 검색을 통해 아이의 관심

사와 관련된 글을 찾아 읽어 보면 책 읽기와는 또 다른 경험이 될 수 있습니다. 책에 비해 글의 길이가 짧고 더 흥미로우면서 수준 있는 주제를 다룬 기사들도 많습니다. 각 지역 시청 홈페이지는 관광, 교통, 통계 등 해당 지역에 관한 다양한 분야의 자료를 찾는 데 유용합니다.

- 디 라이브러리 : 과학동아, 수학동아에 실린 기사를 일부 무료로 볼 수 있습니다. 유료 기사도 있습니다. 관심 있는 주제를 검색하여 선택적으로 읽을 수 있어서 좋아요. 기사를 클릭하면 PDF 파일로 열 수 있고 저장도 가능해서 유용합니다. 강점 집공부를 할 때 필요한 기사만 출력해서 볼 수 있어요.

- 어린이 동아 : 일간지. 기사를 인쇄할 수 있습니다.

- 어린이 조선일보 : 일간지. 회원가입 후 로그인하면 기사를 PDF 파일로 볼 수 있고 저장과 인쇄가 가능합니다.

- 어린이 경제신문 : 주간지. 기사를 인쇄할 수 있습니다.

- Time for Kids(타임 포 키즈) : 학년에 맞춰 기사를 선택할 수 있고 인쇄 가능합니다. 기사를 읽어 주는 기능이 있어서 영어 듣기에도 도움이 됩니다.

- NE 타임즈 : 일부 기사를 무료로 볼 수 있습니다.

- 각 지역 시청 홈페이지 : 관광·공연·전시·체육, 교통, 복지, 여성·가족·교육, 건강·보건·위생, 산업·경제, 환경, 소방·안전, 도시주택·건설, 세금, 통계 등과 관련된 정보를 찾을 수 있습니다.

주말 나들이를 갈 때, 아이의 관심사와 관련된 곳으로 가 보세요. 저희 첫째 아이가 자동차에 한창 빠져 있을 때는 자동차 박물관, 자동차 전시관, 자동차 놀이기구가 있는 곳으로 나들이를 갔습니다. 둘째 아이가 한창 곤충에 빠져 있을 때는 아이들 자연 관찰 책에 나오는 수준과 딱 맞는 아산곤충생태원에 자주 갔습니다. 자연사 박물관에도 가고요. 숲 해설 프로그램에서 곤충 이야기를 일부 듣기도 했습니다.

요즘은 공공기관부터 사설 기관까지, 아이들을 대상으로 하는 다양한 체험 활동이 많습니다. 이런 체험 활동은 일회성에 그치는 것이 많아요. 하지만 아이들의 관심사와 관련된 수업에 참여하면 그동안 봐 왔던 책, 영상, 체험 활동과 연결되면서 자체적으로 연속성을 확보할 수 있습니다. 대개 방학이 되면 학교, 도서관, 과학관, 박물관, 각 지역 청소년 문화센터 등에서 여름·겨울 방학 체험 프로그램이 열립니다. 이때 아이의 관심사와 관련된 수업이 있다면 참여해 보세요.

⑥ 멘토, 전문가와의 만남

기회가 된다면 관심 분야의 전문가를 만나보는 것도 좋습니다. 저희 둘째 아이는 요리에 관심이 많습니다. 마침 지역 도서관에서 아이가 평소 자주 읽던《세계 음식 여행》의 저자인 박찬일 셰프의 강의가 있었어요. 요리사라는 직업의 장단점과 요리사의 길을 걸어 온 이야기를 들을 수 있었습니다. 이어서 박찬일 셰프와 함께《세계 음식 여행》에 나오는 또띠아를 직접 만드는 요리 수업에도 참여했습니다. 관심사로 찾아 읽었던 책, 책과 관련된 체험 활동, 멘토와의 만남이 하나의 축으로 꿰어지는 순간이었죠.

국립공원, 휴양림 등으로 나들이를 가면 꽃과 나무, 곤충에 관심이 많은 둘째를 위해서 숲 해설을 듣습니다. 해당 지역의 생태계를 오랫동안 관찰해 온 분들이 해설사기 때문에 전문적인 설명을 들을 수 있어요. 식물 생태 공부를 하는 방법도 친절하게 알려 주십니다. 자동차에 관심이 많은 아이에게는 자동차 공장이나 자동차 정비소 등을 방문하는 것도 전문가와의 만남이 됩니다.

멘토 및 전문가와의 만남은 아이의 관심사와 관련된 지식을 쌓는 기회도 되지만, 진로를 탐색할 수 있는 좋은 기회이기도 합니다. 전문가와 주고받는 질의응답을 통해서 아이들은 본인의 관심사를 더 깊이 있게 공부하는 방법을 배우기도 해요.

⑦ 글쓰기

아이들은 글쓰기를 참 어려워하고 싫어합니다. 그렇지만 자신의 관심사에 대해 글을 쓰는 건 좀 나아요. 만약 글쓰기를 너무 싫어하는 아이라면 꼭 하지 않아도 됩니다. 저도 매번 하는 것은 아닙니다. 그럼에도 불구하고 글쓰기는 관심사에 대한 탐구심을 더 단단하게 해 주고, 관심사와 이어 온 여러 활동을 머릿속 서랍에 차곡차곡 정리하는 기회를 제공해 줍니다. 이러한 연습을 통해 글쓰기가 수월해지는 경험은 덤이에요.

⑧ 연결고리 따라가기

아이의 관심사는 한 군데 머물러 있지 않습니다. 어느 순간 바뀌기도 하고, 한 분야가 다른 분야와 연결되기도 합니다. 그럴 때는 자연스럽게 아이의 흐름을 따라가면 됩니다. 예를 들어 자동차를 좋아하는 아이는 자동차 종이접기로, 나아가 드론으로 관심사의 연결고리가 생기기도 하지요. 관심사가 확장되면서 아이의 지식과 사고의 폭이 저절로 커집니다.

자동차 집공부 : 좋아하는 것을 쫓아가라

첫째 아이는 돌도 되지 않은 아기 때부터 손바닥만 한 자동차 장난 감을 굴리며 자동차에 열정을 보였습니다. 평생 자동차에 관심을 가져 본 적이 없는 엄마는 신기하기만 했어요. 말문이 트이니 도로에 지나다니는 자동차의 이름을 물어 왔습니다.

"엄마, 저기 저 자동차는 이름이 뭐야?"

자동차를 그저 '이동 수단'이라고 생각했던 엄마는 차 이름도 별로 아는 게 없습니다. 그런데 아이는 매일 도로에 지나가는 차를 보고 저에게 이름을 물었지요. 모르는 차가 쌩하고 지나갈 때는 트렁크 부분에 적힌 차 이름을 '순간 포착'하느라 진땀을 뺐습니다. 차가 빠른 속도로 지나갈 때는 이름을 알려 줄 수가 없었고, 그러면 아이는 짜증을 냈습니다. 저는 아이를 달래기 위해 꾀를 냈습니다.

① 자동차 이름 외우기

"우리 지하 주차장에 가서 차 구경할까?"라고 말하며 아이를 아파트 지하 주차장으로 데려갔습니다. 아이와 함께 지하 주차장을 돌면서 자동차 이름을 하나씩 살펴봤습니다. 그때부터 아이의 자동차 이름 외우기가 시작되었어요. 그 후로는 외출, 귀가 시에 지하 주차장에서 차를 살펴보는 시간을 미리 확보해야 했습니다. 아이는 저 멀리 보이는 특이한 차도 이름을 꼭 확인해야 했습니다. (지금도 처음 보는 차종은 꼭 가서 살펴봅니다.) 그럴 때마다 아이의 의견을 존중해 주었습니다.

아이가 어릴 때는 장거리 이동이 힘들지요. 제 경우, 아이를 한 시간 이상 차에 태워야 하는 일이 있으면 주로 아이가 자는 시간을 이용해 야간 이동을 했습니다. 그런데 아이가 아는 자동차가 늘어나니 '지나가는 자동차 이름 맞추기 놀이'를 하며 장거리 이동이 가능해졌어요. 나중에는 지나가는 차의 앞모습이나 옆모습, 뒷모습만 슬쩍 봐도 어떤 차인지 알아맞혔습니다. 이처럼 아이는 관심사를 통해 예리한 관찰력을 기릅니다. 아이 스스로 자동차 이름을 외우며 암기력이 좋아졌다고 말합니다. 그뿐일까요? 자동차 이름을 읽으며 자연스럽게 영어 파닉스를 익히기도 해요.

② 자동차 만들기

아이에게 우주는 엄마라고 하죠. 저희 아이에게는 엄마 말고 또 하나의 우주가 더 있었어요. 바로 '자동차'였습니다. 아이는 장난감, 책,

옷, 신발 등도 자동차와 관련된 것들을 고집했습니다. 이때 저는 아이가 자동차에 푹 빠질 수 있도록 도와주었습니다. 장난감도 승용차, SUV, 덤프트럭, 포클레인, 불도저, 레미콘, 견인차, 소방차, 경찰차 등을 사 주며 다양한 종류의 자동차를 접할 수 있도록 해 주었어요. 아기 블록부터 레고, 로봇 과학까지 '자동차 만들기'는 이어졌습니다. 처음에는 설명서에 있는 자동차를 보고 만들다가, 나중에는 스스로 창작하여 다양한 자동차를 만드는 단계에 이르렀습니다. 아이는 블록으로 자동차를 만들 때 기능, 디자인, 크기 등을 고려해서 나름의 스토리를 붙여 만듭니다. 그리고는 꼭 저에게 와서 설명해 줍니다.

> "엄마, 스포츠카는 빨리 달릴 수 있어야 해. 그래서 내가 공기 저항을 줄일 수 있게 앞부분이랑 뒷부분을 부드러운 곡선처럼 만든 거야."

자동차를 만들 때마다 아이는 '이렇게 만들까, 저렇게 만들까?' 고민하며 그동안 책에서 읽었던 내용들을 하나씩 적용해 보기도 합니다. 책으로 읽은 내용을 블록으로 만들고, 또 자신의 제작 의도를 가족들에게 설명하면서 확실한 자기 것으로 소화해 냅니다. 이 과정에서 아이의 사고력과 창의력은 자연스럽게 자라납니다.

③ 자동차 관련 책 읽기

앞서 이야기한 '도서관 털기'를 자동차라는 주제에 적용한 활동입니다. 아이와 함께 도서관에 다니기 시작하면서 자동차와 관련한 책을 빌려 왔습니다. 도서관에서 '자동차'로 검색하고, 그중에서 아이가 고르는 순서대로 하나씩 빌려 옵니다. 어느 순간 더 이상 그 도서관에는 아이가 읽을 만한 자동차 책이 없어요. 아이가 읽을 수 있는 자동차 책을 한 도서관에서 탈탈 털어 읽은 셈이지요. 이걸 저희는 '도서관 털기'라고 이름 붙였습니다.

한 도서관을 다 털고 나면 다른 도서관으로 옮겨서 도서관 털기를 했습니다. 그중에서 좋아하는 책은 구매하기도 했습니다. 이렇게 도서관 털기를 하고 나니 자동차의 종류와 기능, 구조와 원리, 역사, 생산 과정, 정비 과정, 폐차 과정 등에 대해 저절로 공부가 되었어요. 관심사에 관련된 책을 읽으니 아이가 책을 좋아하게 되는 행운도 누릴 수 있습니다.

④ 모의 운전과 발명 아이디어

외할아버지께서 어린이날 선물로 사주신 첫 R/C카는 아이를 '조종'이라는 신세계로 안내했습니다. 아이는 마치 진짜 자동차를 운전하는 것처럼 조종했어요. 전진, 후진, 좌·우회전, 평행주차, 후면주차, 전면주차 등을 연습하며 익힌 기본기로 '운전면허 시험장 놀이'를 했습니다. 거실에 도로를 만들고 장애물도 중간에 설치해서 레이싱 경기장처럼 코스를 만든 다음, 레이싱 경기도 펼칩니다.

아이의 지극한 사랑 덕분에 많은 R/C카가 금세 수명을 다하고 아이의 손을 거쳐 갔습니다. 맨 마지막으로 카센터 사장님이 되어 망가진 R/C카를 드라이버로 분해해 보는 것으로 아이의 놀이는 끝이 납니다. 그 이후에 갑자기 아이디어가 떠오른다며 '구부러지는 드라이버'와 같은 발명품을 아이디어 공책에 스케치하기도 했습니다. 그럴 때는 실제로 시판된 것이 있는지 찾아보면서 아이의 아이디어와 비교해 보았어요.

⑤ 다양한 현장 체험

R/C카 운전만으로는 성에 차지 않는 아이입니다. 저는 운전을 즐기지 않아서 가능하다면 피하고 싶은 마음이 큽니다. 엄마, 아빠가 운전하는 것을 항상 부러워하는 첫째 아이는 그런 엄마를 대신해 운전하고 싶어 합니다. 아직 면허증을 따려면 10년 가까이 남았다는 사실에 얼마나 슬퍼하는지요. 그런 첫째를 위해서 모의 운전을 할 수 있는 곳을 많이 찾아다녔습니다. 범퍼카, 페달카, 배터리카, 루지, 그 외에도 자동차 놀이기구 중에서 아이 스스로 운전해 볼 수 있는 것들이 있습니다.

엔진 오일, 타이어 교환처럼 가벼운 자동차 정비가 필요할 때는 아빠와 함께 정비소에 갑니다. 보닛을 열고 자동차의 구조를 직접 아이의 눈으로 볼 수 있는 좋은 기회죠. 그 외에 주유소, 세차장, 자동차 검사소, 폐차장에도 함께 가 봅니다. 《요리조리 열어 보는 자동차》에 나오는 자동차 생산 과정을 직접 눈으로 확인하기 위해, 가까운 자동차 공장에 현장 견학을 가기도 했습니다. 여행을 갈 때는 자동차 전시관,

박물관, 교통 안전 교육을 함께 받을 수 있는 각 지역 어린이 교통 랜드를 코스에 포함했습니다.

첫째 아이의 자동차 사랑을 전폭적으로 지지해 준 이유는 한 가지에 푹 빠져 보는 몰입 경험이 아이를 크게 성장시킬 것이라는 믿음 때문이었습니다. 실제로 처음에는 그냥 놀이라고 생각했지만 아이가 자라면서 학습과도 연결이 되었어요. 자동차를 유심히 뜯어보던 관찰력은 한글을 떼는 데에도 도움이 되었습니다. 또한 자동차를 책으로 만나면서 독서에도 흥미를 조금씩 붙이기 시작했지요.

유치원에서 영어를 배우기 시작한 아이가 "엄마, 나도 영어 읽고 싶어"라고 말했습니다. 그때부터 아이가 좋아하는 자동차가 나오는 영어 책과 영어 DVD를 보여 주었어요. 자동차 캐릭터인 '폴리'와 '타요'는 영어 공부의 일등 공신입니다. 폴리, 타요 덕분에 아이는 스스로 관심 있는 영상을 찾아보면서 즐기는 영어 공부를 하고 있습니다.

유튜브 영상 보기(Listening)

아이는 자동차라는 관심사로 영어를 배웠는데, 이제는 미니카 경주 영상을 영어로 즐길 정도가 되었습니다. 최근에 첫째 아이가 가장 빠져 있는 영어 채널이 있습니다. 미니카 경기장을 만들어서 미니카 경주를 하는 영상이 올라오는 채널이에요. 경사진 활주로를 구현해서 동력이 없는 미니카로 경기하는 방식인데요. 경기장 제작 수준도 높을 뿐 아니라, 영상의 품질도 좋고 경기 중계도 실감나게 잘합니다.

아이들은 경기가 시작되기 전에 자신이 응원할 자동차를 하나 정하고 경기를 봅니다. 그러면 더욱 흥미진진하게 동영상에 빠져들어요. 자연스럽게 영어도 귀에 더 쏙쏙 잘 들립니다.

유튜브 영상에 댓글 남기기(Writing)

아이가 영상을 보다 보니, 현대차가 가끔 등장한다고 합니다. 그런데 몇 대 나오지 않아 아쉬운 눈치였어요. "그럼 댓글을 남겨 봐"라고 아이에게 조언을 해 주었더니, 진짜로 댓글을 남겼습니다. 오랜만에 올라온 영상에 너무 반가운 나머지 제가 했던 말을 기억하고 댓글을 적은 거예요.

H.S. Jin 3개월 전
can you race more korea cars like hyundai and kia?(i'm korean)
👍 👎   답글

H.S. Jin 3개월 전
that was soooo cool! that gutter run was so insane that i cant even speak!!!
👍 👎   답글

비록 간단한 문장이고, 영어 학원에서 한 바닥씩 영어 에세이를 써 내는 아이들과 비교할 수는 없습니다. 하지만 아이의 생활 속에서 본인이 꼭 필요한 상황에 영어를 사용했다는 데 의미가 있어요. 본인의 관심사를 누리는 데에 필요한 언어로써 영어를 사용한 것이죠. 평소에는 영어 글쓰기를 전혀 하지 않는 아이지만, 자신이 필요한 곳에 자신의 의견을 피력하기 위해 영어를 사용해 본 것 자체가 의미 있는 경험이라 믿습니다.

직접 경기장을 만들고 경기하기(Speaking)

아이들이 조용해서 살펴보니 미니카 경기장을 만들고 있습니다. 영상을 보면서 미니카 경주를 직접 해 보고 싶은 욕구가 생긴 데다, 방학이라 시간적 여유도 있었던 덕분입니다. 아이들은 식탁 의자를 끌어오고, 거실 바닥에 까는 가로세로 1미터의 정사각형 퍼즐 매트를 그 위에 얹어 경기장을 만듭니다.

어설프긴 해도 아이들 스스로 생각하고 의사소통하는 과정을 통해 만들어 갑니다. 때로는 재료들이 고정되지 않아서 자꾸 쓰러지고, 의견 충돌이 생겨 다투기도 하지요. 그러다 누구 한 명이 토라져서 작업이 중단되기도 합니다. 하지만 시간이 조금 흐르면 아이들 나름대로 쓰러지지 않게 방법을 고안해 내고, 갈등도 해결하고 다시

경기장을 만들어요. 이러한 경험이 미래학자들이 미래사회에 필요하다고 말하는 '창의력', '협업 능력', '소통 역량'을 기르는 과정이 되겠지요. 또, 영상에서 본 이상적인 경기장의 모습과 스스로 만든 경기장의 격차도 느끼면서, 그 격차를 줄이기 위해 노력에 노력을 기울입니다.

비록 경기장은 어설프지만, 경기 진행과 중계는 어설프지 않아요. 아이들은 경기를 하면서 영상에서 나왔던 영어 단어와 문장을 자연스럽게 사용합니다.

경기 점수를 계산하고 결과 도출하기

직접 만든 경기장은 코너링도 없고 재미가 덜했는지, 어릴 때 가지고 놀던 주차타워 장난감을 꺼내 와서 다시 경기를 시작합니다. 총 여덟 대의 미니카를 가지고 네 대씩 두 번 경기를 했습니다. 1등 5점, 2

등 3점, 3등 2점, 4등 1점으로 점수를 매깁니다. 그리고 그것을 종이에 표를 만들어 기록해요. 마지막에 점수를 더해서 순위를 매깁니다. 자연스럽게 아이들이 기록 방법, 순위 결정 방법을 배우고 체계적으로 사고하는 방법을 배워요. 수학 2학년 2학기 '표와 그래프', 3학년 2학기 '자료의 정리', 4학년 1학기 '막대그래프' 단원에서 주어진 자료를 표로 정리하는 방법을 배웁니다. 경기 결과를 정리하는 과정이 교과 수학과도 연결이 됩니다.

미니카 경기 영상 촬영하기

집에 있는 아이패드를 들고 미니카 경기 영상을 촬영합니다. 실제 촬영을 해 보면 한 번에 생각처럼 잘 안 되지요. 아이들은 여러 번의 시행착오를 거쳤어요. 시행착오를 거치면서 어느 각도에서 어떻게 촬영해야 하는지 스스로 수정하면서 배워 갑니다. 똑같은 영상을 수없이 돌려 보고 또 돌려 보면서요.

경기 내용 분석하기

경기 내용을 아이들끼리 서로 분석하면서 이야기를 나눕니다.

> **첫째** "와, 아까 봤어? 그 상황에서 그렇게 치고 나오다니 정말 대단하지 않아?"
>
> **둘째** "맞아, 맞아. 진짜 놀라운 경기야!"

아이들은 "엄마, 지프가 꼴찌로 오다가 마지막에 이렇게 추월해"라며 저에게도 열심히 설명해 줍니다. 관심도가 현저히 떨어지는 저는 애써 적극적 반응을 보이려고 노력했는데 아이들에게 제 마음을 들킨 건 아닌지 모르겠습니다. 아이들은 경기 내용을 분석하면서 경기의 큰 그림을 보게 됩니다. 어느 미니카가 이기고 지는 것을 넘어서 어떤 상황에서 어떤 일이 벌어졌고, 그 일들이 경기의 승패에 어떤 영향을 주었는지 생각하게 됩니다.

⑦ '자동차 연설문'으로 회장 당선까지

첫째 아이가 다니는 학교는 4학년에 처음 회장 선거를 합니다. 1학기 첫 선거 때 연설문을 준비해 갔는데 낙선했습니다. 2학기 회장 선거 전날 아이가 미리 연설문으로 자기는 다 생각해 놓은 게 있다고 합니다. 그리고 다음 날 하교 후 회장에 당선되었다는 소식을 들었습니다. 아이의 연설문이 궁금해서 물어봤어요.

> **엄마** 당선 축하해. 연설을 아주 잘했나 보다! 연설문이 궁금해지는데?
>
> **첫째** 나는 우리 반을 위해서 자동차가 되겠다고 했어.
>
> **엄마** 자동차?

아이가 쓴 연설문을 보고 평소 아이의 관심사가 회장 당선에 큰 도움을 준 것 같아 뿌듯한 마음이 들었습니다. 오랜 시간 관심사로 갈고

닦았던 '자동차'를 중요한 순간에 꺼내어 자신만의 무기로 만들었습니다. 이처럼 아이가 진심을 다해서 오랜 세월 동안 공부한 관심사는 아이의 인생에서 중요한 순간에 생각하지도 못한 곳에서 유용한 무기가 될 것이라고 생각합니다. 중요한 면접 시험에서 자신만의 스토리를 풀어낼 순간이 될 수도, 회사에서 중요한 계약을 따낼 순간이 될 수도, 사업 아이템을 생각해 낼 순간이 될 수도 있을 것입니다.

회장 선거 연설문
안녕하세요? 4학년 4반 임초록입니다. 만약 저를 뽑아 주신다면 저는 자동차가 되겠습니다. 엑셀, 수업 진행을 빨리 하도록 돕겠습니다. 브레이크, 교실 싸움을 줄이겠습니다. 속도 준수, 못하는 친구를 지지하겠습니다.

저도 처음부터 체계적으로 계획을 짜서 자동차 집공부를 시작한 것은 아니었습니다. 아이가 관심을 보일 때마다 물 흐르듯 자연스럽게 흐르다 보니 여기까지 왔네요. 좋아하는 것에 대해 하나씩 알아가고 경험할 때마다 즐거워하는 아이의 모습을 볼 수 있어서 저에게도 행복한 시간이었습니다. 그러다 보니 저도 아이가 좋아할 만한 것들을 적극적으로 찾고 도와주게 됩니다. 그게 하루 이틀이 되고 1년, 2년, 수년이 되니 이렇게 다양한 경험을 하게 되었습니다. 이것이 아이의 관심과 흥미를 따라가며 강점을 만들어 가는 강점 집공부입니다.

학교나 학원 수업으로는 한 가지 주제를 이렇게 장기간, 깊이 있게 다루는 데 한계가 있습니다. 강점 집공부는 아이의 관심사를 따라 얼마든지 깊이 있게 파고들 수 있습니다.

'마니아 성향이 있는 아이여서 가능한 것 아닌가?'라는 의문을 가지실지도 모르겠습니다. 모든 아이들은 아이마다 각자 다릅니다. 이렇게 쭉 한 가지에 관심을 가지는 아이가 있고, 반면에 관심의 주기가 짧은 아이도 있습니다. 집에 틀어박혀서 책만 보는 아이도 있고, 밖에서 축구공만 늘 차고 있는 아이도 있을 거예요. 하루 종일 책 귀퉁이에 그림만 그리고 있는 아이도 있을 거고요. 그런 아이의 성향을 부모가 인지하고 아이의 작은 관심이라도 계속 쫓아가려고 노력해 보세요.

아이가 좋아하는 것은 사소한 것이라도 있기 마련입니다. 그 사소한 것을 잘 발견해 내어 지속적인 관심을 가질 수 있도록 도와주는 역할을 하면 됩니다. 그러다 보면 '대박 관심사'를 찾을 수 있습니다. 그러면 그 관심사는 훌륭한 강점 집공부가 됩니다.

아무리 사소한 관심이라도, 사소한 주제라도 좋습니다. 일단 작은 것부터 시작해 보세요. 거창할 필요는 없습니다.

드론 집공부 : '덕질'의 연결고리

한 가지 관심사를 깊이 파 본 아이는 연결고리가 생겼을 때 다른 관심사에도 적극적으로 빠져듭니다. 아이의 관심사에서 연결고리를 만들어 보세요. 관심사가 꼬리에 꼬리를 물면서 확장되어 갑니다. 확장된 관심사는 씨실과 날실을 엮어 베를 짜듯 아이들의 사고, 지식 체계를 더 촘촘하게 성장시킵니다.

 ### 연결고리 1. 자동차에서 종이접기로

유치원 버스에서 내리자마자 아이가 색종이로 접은 미니카 하나를 저에게 내밀었습니다. 유치원에 함께 다니는 또래 친구가 접어 준 것이었습니다.

"엄마, 나도 이거 접어 보고 싶어."

네이버에 검색해 보니 유튜브 채널 하나가 눈에 들어옵니다. 아이는 색종이를 가져와 바로 그 자리에서 미니카 몇 개를 접었습니다. 그날 이후로 집은 '미니카 공장'이 되었습니다. 이 방, 저 방, 거실, 주방까지 온 집 안에 아이가 접은 미니카들이 굴러다녔어요. 아이는 아직도 그때 접은 미니카 몇 박스를 보물처럼 간직하고 있습니다.

아이의 관심사는 자동차에서 종이접기로 자연스럽게 옮겨 갔습니다. 이번에는 '유튜브 털기'가 시작되었어요. 아이는 유튜브에 나오는 미니카 접기 방법을 거의 다 찾아 접었어요. 이렇게 만든 종이 미니카로는 미니카를 손으로 튕겨 더 멀리까지 보내는 사람이 이기는 '미니카 경주', 가위바위보를 해서 이긴 사람이 미니카를 가져가는 '미니카 따 먹기' 등 각종 놀이를 개발해 동생들, 친구들과 놀았습니다. 숫자 세기, 거리 재기, 미니카 개수 똑같이 나누기 등을 통해서 자연스럽게 수학적 개념을 활용합니다. 만든 미니카를 모두 모아 거실에 종이접기 전시회를 열기도 했습니다. 아이들 놀잇감으로 사용하던 종이 벽돌을 쌓고 금색 보자기를 씌워 그 위에 미니카를 전시했습니다. 그리고 아이가 직접 전시한 미니카를 가족들에게 소개했어요.

한참 접고, 가지고 놀더니 미니카에 대한 열정이 시들해졌습니다. 이번에는 페이퍼 블레이드로 넘어갑니다. 페이퍼 블레이드는 색종이로 만든 팽이입니다. '그립', '코어', '프레임'이라는 세 개의 유닛으로 구성되어 있고, 이 유닛은 서로 다른 팽이끼리도 호환할 수 있습니다.

팽이의 종류마다 속도, 지구력, 공격력, 방어력이 모두 다르다 보니 아이가 빠져들기에 너무 좋았습니다. 게다가 이름도 남자아이들이 반할 만한 이름들을 붙여 놓았어요. 스피드 로드, 드래곤 슬레이어, 뱀파이어, 썬더 스톰…. 이번에는 저희 집에 팽이 산이 쌓였습니다. 만들고, 돌리고, 시합하고. 만들고, 돌리고, 시합하고. 아이는 하루 종일 팽이를 돌리고, 돌리고, 또 돌렸습니다.

팽이를 원 없이 다 접고 난 다음에는 페이퍼 플레인(종이 비행기), 페이퍼 레인저(종이 로봇)로 관심사가 옮겨 갔습니다.

아이는 관심사 덕분에 친구 관계에도 도움을 받았습니다. 한창 친구들과 쉬는 시간마다 미니카, 페이퍼 블레이드를 가지고 놀던 때가 있었습니다. 아이는 친구들에게 미니카, 페이퍼 블레이드를 나눠 주기도 하고 접어 주기도 했다고 해요. 가르쳐 주기도 하고요. 그래서 아이는 친구들 사이에서 '종이접기의 신'으로 불리게 되었습니다. 친구들에게 미니카, 페이퍼 블레이드를 접어 주고 놀이를 주도하면서 친구 관계도 더 좋아졌어요. 친구들에게 인정받으면서 성취감도 느끼고 자존감도 올라갔지요. 결과적으로 학교생활에 더 자신감이 생겼습니다.

그때쯤 다른 친구가 유튜브를 한다며 아이가 본인도 유튜브를 하고 싶다고 이야기했습니다. 그래서 아이가 잘할 수 있고 다른 사람에게 도움을 줄 수 있는 것이 무엇일지 같이 이야기 나누었습니다. 아이는 페이퍼 블레이드 종이접기를 선택했어요. 스스로 동영상을 촬영하고 업로드 과정만 제가 도와주었습니다. 비록 구독자 수도 적었고 몇 개의 동영상을 올리다가 끝이 났지만, 이러한 실패도 도전 정신과 용기를 배우는 데 좋은 경험이 되었어요.

이처럼 한 가지 관심사 안에서도 작은 연결고리가 생깁니다. 미니카 종이접기에서 시작된 관심사는 페이퍼 블레이드로, 페이퍼 플레인으로, 페이퍼 레인저로 이어졌습니다. 관심사라는 굵은 줄기 안에서 다시 세세하게 가지를 뻗어 나가는 거예요. 이것이 아이의 관심사를 강점으로 만드는 과정이 됩니다. 아이 스스로 이 과정을 인식하면, 다음번 관심사가 생겼을 때 어떻게 공부를 해야 할지 깨달을 수 있어요. 공부하는 방법도 배우게 되는 것이죠.

 ## 연결고리 2. R/C카에서 드론으로

① 드론 조종

"엄마, 저거 드론이다!"

아이는 자전거를 타러 나온 것도 잊은 채로 한참을 서서 하늘을 바라보았습니다. 드론을 조종하는 아저씨가 가까이 오자, 아저씨의 손과 하늘에 번갈아 가며 눈길이 닿습니다. 아이는 아저씨가 공원을 빠져나갈 때까지 그 자리를 지키고 있었습니다. 평소에 R/C카 조종을 좋아하던 아이는 "엄마, 나도 드론 조종해 보고 싶어"라고 조르며 적극적인 모습을 보였어요.

엄마 "아이들이 할 수 있는 드론이 있으려나? 저건 조종 실력이 굉장히 좋아야 할 것 같은데. 잘못하면 사람들이 다칠 수도 있어."

첫째 "엄마, 찾아보자."

아이의 손에 이끌려 휴대폰 초록창에 '어린이 드론'이라고 검색해 봅니다. 몇 가지 검색 결과가 쭉 나왔습니다.

첫째 "9세용이 있을까?"

엄마 "설명을 찾아보자. 9세 아이도 조작할 수 있는 건지."

첫째 "(사용 연령을 확인하고) 엄마, 엄마! 8세 이상이네! 나도 할 수 있겠네!"

엄마 "그런데 이거 크기가 너무 작아 보이는데, 제대로 잘 될까? 아빠한테 한번 물어보자."

아이는 아빠와 함께 파란색 작은 드론을 골랐습니다. 주말 동안의 긴 기다림 끝에, 아이는 하교하자마자 드론 상자를 뜯었습니다. 드론을 천장까지 높이 띄웠다가 바닥에 가깝게 붙였다가, 앞으로 갔다 뒤로 갔다, 거실로 방으로…. 그날 밤 아이는 잠들기 직전까지 드론을 조종하다가 잠이 들었습니다.

② 드론 수리

어느 날, 아빠와 함께 드론을 조종하고 있던 아이가 풀이 죽어 저에게로 왔습니다.

> "엄마, 큰일 났어. 드론이 고장났나 봐. 아빠랑 드론 격추 놀이했는데 드론이 갑자기 안 돼."

작은 드론은 작은 충격에도 약했습니다. 아이는 고장 난 드론을 이리저리 살피며 원인을 찾았습니다. 드라이버로 조심조심 나사를 풀고 유심히 살폈지요.

첫째 "엄마, 드론 한쪽 날개가 접촉 불량인 것 같아. 날개 쪽으로 전기가 흐르려면 플러스극 전선과 마이너스극 전선이 모두 잘 연결되어 있어야 하는데, 이쪽만 전선이 하나가 빠져 있어. 이거 어떻게 고치지?"

엄마 "납땜해야 할 것 같은데?"

첫째 "납땜은 어디서 해야 할까?"

엄마 "철물점에 가 볼까?"

철물점에서 인두와 납을 사서 직접 납땜을 해야 한다는 답변을 들었습니다. 크기가 워낙 작아서 아주 미세한 납땜이 필요했어요. 다른 전문가를 찾아보기로 했습니다.

아이는 스스로 문제 해결을 위해 노력했습니다. 고장 원인을 찾고 자신이 가진 정보와 인력 풀을 총동원해 머리를 짜냈습니다. 그리고 전문가인 외삼촌에게 부탁하여 납땜을 했어요. 자신이 좋아하는 일이었기 때문에 문제 해결에 적극적으로 나설 수 있었습니다. 사소해 보이지만 아이들이 스스로 문제를 해결하는 것은 자존감을 높이는 좋은 경험이 됩니다.

③ 드론 관련 책 읽기

도서관에서 드론과 관련된 책도 찾아보았어요. 생각보다 아이가 읽을 만한 책이 많지 않아서, 에픽epic(영어 전자 도서관)에 있는 영어책까지 찾아서 읽었습니다. 자신이 좋아하는 분야기 때문에 아이는 두꺼운 어른 책도 부담감 없이 읽어 냈습니다. 아이가 좋아하는 분야가 아니었다면 있을 수 없는 일이지요. 아이는 실제로 드론을 조종할 수 있을 뿐만 아니라, 드론에 대한 이론적인 지식도 겸비하게 되었습니다. 게다가 향후에는 4종 드론 국가자격증 시험에 응시할 계획까지 세웠답니다.

④ 영상 자료 활용하기

아직은 드론에 대한 영상이나 강의, 자료 등이 많은 편은 아닙니다. 〈지식채널 e〉에도 드론으로 검색하면 두 개의 영상이 나옵니다. 그런데 드론에 대한 내용은 아주 짧게 나와요. 테드TED 강연에도 두 개 정도 나옵니다. 한국어 자막 지원을 활용하면 아이와 함께 강의를 들어 볼 수 있어요.

⑤ 드론쇼 관람하기

2022년, 익산 미륵사지 미디어아트 페스타에서 '백제 헤리티지 드론 in 익산'이라는 제목으로 드론쇼가 열렸습니다. 익산 미륵사지석탑에서 열린 행사로 미륵사지석탑과 미디어아트, 드론쇼가 어우러진 공연이었습니다. 밤하늘에 수놓인 드론 불빛은 불꽃놀이와는 다른 감동이 있었어요.

엄마 "드론쇼에서 불빛 하나하나가 각각 드론 한 대씩이야?"

첫째 "응. 당연하지."

엄마 "저렇게 많은 드론을 어떻게 저렇게 줄 맞춰서 공연을 할 수 있지?"

첫째 "컴퓨터 프로그램으로 하는 거지. 수많은 드론을 일일이 다 조종할 수는 없잖아."

첫째는 어느새 저의 초보적인 질문에도 능숙하게 대답을 해 줍니다.

엄마 드론을 연구해서 저렇게 화려한 드론쇼를 만드는 회사 사장님이 되는 것도 멋지다. 드론쇼 기술은 앞으로 더 수요가 많아질 것 같아. 그런데 막상 기술을 가진 회사는 몇 없을 것 같은데? 경쟁력 있다.

첫째 내 생각에는 드론으로 할 수 있는 게임 회사를 차리면 대박 날 것 같아.

엄마   그것도 정말 좋은 아이디어인데?

이후, 드론쇼를 제작한 회사에 대해서 함께 알아보았습니다. 드론 제조 및 유통, 드론 라이트쇼, 드론 교육사업, 드론 개발 등 R&D 사업을 하고 있는 회사였습니다. 드론쇼가 이루어진 익산 미륵사지 석탑에 대해서도 함께 찾아보았어요. 드론에서 시작한 호기심이 회사 창업, 역사 공부까지 이어지는 순간입니다.

⑥ 드론 축구단 활동하기

현재 첫째 아이는 지역 청소년 센터에서 '드론 축구단'으로 활동하고 있습니다. 아이가 좋아하는 드론과 축구를 합친 활동이니 이보다 더 아이에게 찰떡 같은 공부는 없습니다.

드론 축구는 둥근 볼 안에 들어 있는 드론을 도넛 모양의 골대에 넣는 팀 경기입니다. 우리나라에서 처음 시작된 경기로, 2016년 전주시와 협력기관인 캠틱종합기술원이 세계 최초로 개발하고 보급한 레저 스포츠입니다. 현재는 전국에 200여 개 선수단이 활동 중이며 일본, 중국, 영국, 말레이시아 등 해외에도 드론 축구팀이 생겨나고 있습니다.

유소년 드론축구대회는 스트라이커(공격, 골을 넣는 선수) 두 명, 수비 세 명이 한 팀으로 경기를 합니다. 최근 출전한 전국대회에서는 아이가 속한 팀이 결승전에 진출하여 우승을 거두었습니다. 결승까지 가는 과정에서 아이는 또 많은 것을 느끼고 배웠을 것입니다.

"엄마, R/C카를 많이 조종해 본 게 큰 도움이 돼."

드론을 처음 접하는 친구와는 분명 출발선이 다릅니다. 오랫동안 관심을 가지고 해 오던 R/C카 운전과 유사한 활동이니 새로운 도전에 대한 어려움보다는 설렘과 호기심이 더 크지요. 드론을 배우는 태도와 마음가짐부터 공부의 시작이라고 생각합니다. 설렘과 호기심으로 가득 찬 아이는 즐겁게 배울 수 있습니다. 즐거우니 더 잘 배울 수 있고, 잘 배우니 더 잘할 수 있습니다. 잘하게 되니 더 재미있고요. 긍정적인 선순환이 일어나는 거죠.

'자동차 덕질'로 시작된 아이의 관심사가 종이접기, 드론으로 연결 고리가 이어졌습니다. 둘째의 경우에는 곤충이라는 관심사가 꽃, 식물로 이어지고 동물로 이어졌습니다. 그리고 요리라는 관심사는 식물이라는 관심사와 연결되면서 산나물, 약초와 같은 식재료나 약용으로 쓰이는 식물에도 관심사가 옮겨 갑니다.

이렇게 아이의 관심사를 따라가다 보면 자연스럽게 공부거리가 생깁니다. 또 다른 연결고리가 생기면서 공부할 거리가 또 생겨요. 이렇게 하나하나 자신의 관심사를 따라 연결고리를 만들어 가는 공부가 바로 아이만의 이력이 아닐까요? 미래 사회가 요구하는 '대체 불가능한 사람'에 한 걸음 더 가까워지는 방법이라고 생각합니다.

공룡 집공부 :
강점으로 맛보는 선행학습

　요즘은 초등학생들도 선행학습에 많은 시간을 투자하고 있습니다. 제 아이들은 아직 '선행'에 목적을 둔 선행학습을 하고 있지는 않지만, 아이의 관심사를 따라 강점 집공부를 하다 보면 아이의 학년보다 앞서는 내용을 공부하게 될 때가 있습니다. 아이의 관심사가 본인 학년의 교육과정에 꼭 들어맞을 수는 없기 때문입니다. 제 나이에 비해 수준 높은 내용이라도 '관심사'의 힘으로 아이는 부담 없이 받아들입니다. 특별히 공부라고 생각하지도 않습니다. 이렇게 관심사로 펼쳐 나간 공부를 학교 교육과정에서 다시 배우게 될 때, 아이의 지식은 더 단단해져요. 우리가 공부할 때를 생각해 보세요. 온통 모르는 내용일 때보다 중간중간 아는 내용이 조금씩 들어있을 때 공부의 효율이 올라갑니다. 이미 강점 집공부를 통해 맛을 본 지식들이 학교 수업 중간중간에 녹아 있다면 아이의 관심도와 공부 효율은 높아질 수밖에 없겠지요.

① 공룡 관련 책 읽기

아이는 명절에 만난 사촌 동생들이 가지고 있던 공룡 책과 장난감을 보고 공룡에 푹 빠져들었습니다. 자동차 집공부와 마찬가지로, 하나씩 천천히 시간의 힘에 기대어 여러 경험을 쌓아 갔습니다.

강점 집공부를 할 때 책의 도움을 많이 받게 되는데요. 공룡 집공부도 예외는 아니었습니다. 먼저 공룡 전집을 한 질 사서 그 책을 마르고 닳도록 읽었습니다. 밤마다 목이 터져라 읽어 주었어요. 실컷 읽고 나니 시들해집니다. 도서관에서 공룡책을 한 권, 두 권씩 빌려 오면서 어느덧 또 '도서관 털기'를 했습니다. 재미있는 공룡책을 찾아 도서관을 메뚜기처럼 여기저기 옮겨 다녔어요. 이렇게 공룡책을 여러 권 읽다 보면 자연스럽게 지구의 역사와 생물의 진화, 지층, 화석 등에 대해 배우게 됩니다. 공룡에서 지구 과학으로 연결되는 순간입니다.

② 공룡 이름 외우기

공룡 전집에 사은품으로 따라온 공룡 그림 카드가 있었습니다. 한쪽에는 공룡 그림, 반대쪽에는 공룡의 이름과 간단한 설명이 적힌 카드였습니다. 아이는 공룡 이름 맞추기 게임을 좋아했습니다. "엄마, 공룡 이름 외우기 대결하자"라는 말에 대결을 하면 저는 백전백패였죠. 그런데 하다 보니 이상하게 승부욕이 발동되고 자꾸 지면 저도 기분이 안 좋아져요. 그래도 못 이기는 척 카드를 한 장씩 넘겨줍니다.

"엄마, 내가 틀린 카드는 따로 모아 줘."

모르는 카드는 따로 모아서 외우기를 반복하면서 아이는 정확성을 높여갔습니다. 아이 스스로 공부하는 방법을 배우고 있었어요.

③ 그림으로 표현하기

바쁜 아침 시간에 아이가 종이에 뭔가를 열심히 그리고 있어요. 평소에 그림을 잘 그리지 않는 아이인데 무슨 일일까요? 한참 뒤 그림을 가지고 옵니다.

> **첫째** "엄마, 나 공룡 멸종 원인 그림으로 그렸어. 이건 화산 폭발, 이건 쓰나미, 이건 운석 충돌이야."
>
> **엄마** "이야! 이걸 그림으로 그렸어? 멋지다! 진짜 이건 화산 폭발이고, 이건 쓰나미, 이건 운석 충돌이네!"

호들갑을 떨며 칭찬을 해 주었습니다. 지각을 할까 전전긍긍하며 급하게 거실 벽에 아이의 그림을 붙여 주었습니다. 좋아하는 공룡책을 충분히 많이 읽고 아이의 생각 주머니가 채워지니 자연스럽게 아웃풋을 내어놓습니다.

④ 화산 폭발 실험

공룡 멸종 원인을 그림으로 그렸던 그날 오후에는 그동안 미루어 왔던 '화산 폭발 실험'을 아이들과 함께 해 보았습니다. 실험을 통해 실제 화산이 분출하는 것처럼 붉은 거품(마그마)이 페트병 밖으로 분출되어 흐르는 것(용암)을 볼 수 있어요. 아이들이 화산의 원리를 쉽게 이해할 수 있습니다. 화산 폭발 실험 덕분에 아이들은 '화산'으로 관심사를 옮겨 화산 책을 찾아보기도 했습니다.

💡 화산 폭발 실험 방법

준비물 : 500㎖ 페트병(요구르트병), 베이킹 소다, 주방 세제, 식초, 빨간색 물감, 초록색 클레이 점토, 쟁반

① 쟁반 위에 500㎖ 페트병(요구르트병)을 놓고 페트병에 초록색 클레이 점토를 붙여 산 모양을 만든다.
② 페트병에 주방 세제, 베이킹 소다, 빨간색 물감을 넣고 잘 저어 준다.
③ ②에서 만든 액체에 식초를 붓는다.
④ 화산 폭발 관찰하기

⑤ 과학적 개념 맛보기

화산 폭발 실험을 한 후, 아이들에게는 조금 어려운 개념이지만 '중화 반응'에 대해서도 한번 설명해 줍니다.

> "레몬, 식초처럼 신맛이 나는 것은 산성이라고 해. 비누나 세제 같은 것은 염기성이라고 하고. 오늘 우리가 실험에 사용한 식초는 산성이고 베이킹 소다는 염기성이야. 산성인 식초와 염기성인 베이킹 소다가 만나면 중화 반응을 일으킨대."

실험 후에 아이들이 산성, 염기성에 대해 더 궁금해하는 것 같아서 리트머스 종이를 샀습니다. 리트머스 종이로 아이들과 놀이를 했습니

다. 간장, 주스, 우유, 비눗물, 세제, 물, 식초 등을 그릇에 담고 리트
머스 종이를 넣어 보았어요. 그리고 색이 똑같이 변하는 것들을 모아
산성과 염기성으로 분류해 보았습니다.

"산성은 신맛이 나고~ 염기는 미끌미끌해~"

'산과 염기송'을 찾아 함께 노래를 따라 불렀습니다. 분명 시작은 공
룡이었는데, 어느새 화산 폭발 실험을 거쳐 산과 염기 구분 실험과 노
래까지 왔어요. 의도한 것은 아니었는데, 선행학습 아닌 선행학습을
자연스럽게 하게 되었습니다.

⑤ 넓은 지식으로 확장하기

공룡 이름 중에는 '친타오사우루스'처럼 화석이 발굴된 곳의 지명을
딴 공룡이 있습니다. 이 때는 세계 지도나 지구본에서 아이와 함께 '칭
다오(청도)'를 찾아봅니다. 이렇게 세계 곳곳의 화석 발굴지를 찾다 보
니 아이는 세계 지도와 세계의 여러 나라에 관심을 가지게 되었습니
다. 그러다 세계 각국의 수도를 외우는 데 푹 빠지기도 했습니다. 또,
수도 암기 놀이 덕분에 동계 올림픽 때 각국 선수단이 입장하는 장면
에 관심을 갖게 되었고 자연스럽게 동계 스포츠 종목에도 관심을 가졌
지요. 공룡에서 시작한 관심사가 공룡이 살던 시대, 지층, 화석을 넘어
화석이 발견된 세계 여러 나라, 수도, 기후, 동계 스포츠 종목까지 그
주제가 확장되어 갔습니다.

⑥ 공룡으로 영어 배우기

공룡을 주제로 한 DVD와 책으로 영어 공부를 했습니다. 관심사를 활용하면 영어를 즐겁게 배울 수 있기 때문에 영어 학습에도 효과적입니다. 아래 목록의 자료를 활용하면 좋아요.

DVD

- 해리와 공룡 친구들(Harry and the bucketful of dinosaurs)

영어책

- 《Harry and the bucketful of dinosaurs》 시리즈 11권
- 《Dinosaurs on the Go》 시리즈
- 《Dinosaurs roar》
- 《Dinosaurs! Dinosaurs!》
- 《If the Dinosaurs came back》
- 《Dinosaurs Encore》
- 《How to dinosaurs》 시리즈

공룡에 대한 관심이 아니었다면 초등학교 저학년이 지층, 기후 등과 같은 주제들을 공부할 기회가 많지는 않았을 거예요. 수학 선행학습의 경우에는 아이 스스로 전혀 필요성을 느끼지 못했고, 저 또한 당위성을 찾지 못했습니다. 하지만 강점 선행학습은 아이가 원하고, 즐기며 호기심을 가지고 능동적으로 해 나간다는 점에서 당위성이 충분했습니다.

이순신 집공부 :
온몸으로 배우는 역사

아이들과 도서관을 매주 다니다 보면 엄마도 아이들도 매너리즘에 빠지는 때가 있습니다. 도서관에 기계적으로 왔다 갔다 한다는 느낌을 받아요.

'매주 이렇게 도서관에 왔다 갔다 하는 보람이 있긴 할까?'

한 보따리 빌렸던 책을 거의 읽지도 못하고 그대로 반납해야 하는 날은 더더욱 이런 마음이 듭니다. 이런 시기에는 아이들의 마음을 끄는 책도 잘 없습니다. 마음에 드는 책은 꼭 대출 중이고요. 그런데 운 좋게 '대박' 책을 만날 때도 있습니다. 그럴 때는 (조금 갈대 같긴 하지만) '역시 도서관에 오기를 잘했다'는 생각과 함께 보람을 느낍니다. 편독이 심한 아이들에게는 좋은 책 한 권 한 권이 소중해요. 아이들이 다시 독서에 빠질 수 있는 마중물 역할을 해 주기 때문입니다.

둘째 아이가 도서관에서 고른 《이순신, 조선을 지키러 출동!》이라는 책도 그런 책이었어요. CD도 한 장 같이 들어 있는데, 도서관에서 돌아오는 차 안에서 듣다가 이 책에 푹 빠져 버렸어요. 집에 도착하자, 아이는 끊임없이 반복해서 책을 읽고 CD도 주구장창 들었습니다. 그 이후로 아이는 '이순신'이라는 세 글자만 들어도 관심을 가지게 되었습니다.

① 이순신 장군 관련 콘텐츠 감상

도서관에 가서 '이순신'으로 검색한 다음, 결과로 뜨는 책도 쭉 찾아 읽었습니다. 아이가 "돌격하라!"라고 외치며 이순신 장군 놀이를 하는 모습을 보면서 떠오른 최민식 주연의 영화 〈명량〉을 함께 찾아보기도 했습니다. 관람 연령이 맞지 않는 아이에게는 다소 어려울 수도 있기 때문에, 설민석 선생님의 '명량해전 특강'을 유튜브에서 찾아 함께 보았습니다.

② 인물의 흔적을 따라가는 여행

현충사에는 넓은 잔디밭이 있습니다. 그래서 아이들이 어릴 때 킥보드도 타고, 자전거도 타러 자주 방문했어요. 그런데 정작 현충사 안으로 들어가 본 적은 별로 없었고, 충무공 이순신 기념관이 있다는 사실조차 알지 못했어요. 둘째가 이순신이라는 인물에 관심을 가지면서 기념관을 둘러보게 되었습니다.

"와! 엄마, 거북선이야! 이순신 장군이 사용했던 무기도 있고 난중일기도 있어!"

작은 전시관이었지만 초등학생 수준에서 이순신의 일생을 이해하기에는 안성맞춤인 곳이었습니다. 이순신 장군의 수군 이력, 당시 사용했던 무기, 거북선, 난중일기 및 이순신 관련 여러 서신들이 전시되어 있었습니다. 4D 체험 영상실에서는 '세계기록유산, 난중일기', '혁신의 리더, 이순신', '명량해전', '노량해전' 등의 영상을 볼 수 있었지요. 아이들은 영상을 통해 역사적 사실을 더 쉽게 이해할 수 있습니다.

가족 여행 테마를 '이순신'으로 잡아 아이의 관심사를 조금 더 깊이 있게 알아볼 수 있도록 했습니다. 모형 거북선 중에서 내부까지 둘러볼 수 있는 곳을 찾아보았습니다. 마침 통영에 그런 거북선이 있어서 여행지로 정했습니다. 도착하자마자 거북선 외부의 뾰족뾰족한 침, 불을 뿜는 용의 모습을 한 뱃머리 등 외형에서부터 아이들은 이미 마음을 뺏겼어요. 내부에는 해전 당시 사용되었던 포가 설치되어 있고 직접 노도 저어볼 수 있습니다.

"엄마, 거북선 안에 들어와 보니까 진짜 일본군의 공격을 잘 피할 수 있었겠다 느껴져."

우리 수군을 철벽같이 보호해 주었던 거북선의 구조를 몸으로 느낄 수 있었습니다. 직접 거북선의 노를 저어 보고 내부에 설치된 포 앞에서서 밖을 내다보기도 하면서 아이는 전쟁 당시 모습을 상상합니다. 또한 선장실, 치료실, 무기창고, 화장실, 식품창고, 조리실, 취침실 등 배의 곳곳을 둘러보면서 조선 수군이 되어 봅니다. 책에서만 보았던 거북선의 장점을 몸소 스스로 느끼는 시간이었습니다.

③ 한국사 관련 TV 프로그램 보기

"엄마, 임진왜란이 뭐야?"

이순신 책에는 공통으로 많이 나오는 단어들이 있어요. 임진왜란, 조선, 선조, 한산도대첩, 명량해전, 노량해전 등 시대적 배경을 설명하는 단어들이 많이 나옵니다. 단어에 대한 궁금증으로 인해, 아이의 관심사는 자연스럽게 이순신을 넘어 한국사까지 확장됩니다. 마침 시간이 많은 방학이기도 했고, 첫째 아이도 한국사 수업이 듣고 싶다고 해서 아이들 수준에서 한국사를 배울 수 있는 TV 프로그램을 찾아보았어요.

역사 교육에는 두 가지 방법이 있습니다. 인물을 통한 학습과 시대순 학습입니다. EBS에 초등학생을 위한 역사 프로그램인 〈역사가 술술〉, 〈스토리 한국사〉가 있습니다. 〈역사가 술술〉은 인물을 통한 학습, 〈스토리 한국사〉는 시대순 학습에 적합합니다. 저는 처음 역사를 접하는 아이들에게는 인물 중심으로 쉽고 재미있게 풀어낸 〈역사가 술술〉

이 더 적합하다고 판단했습니다. 아이들과 함께 하루에 한두 편씩 보면서 한국사의 기초를 배웠습니다.

〈차이나는 K-클라스〉라는 프로그램은 입체 영상 기술을 활용해 마치 세트장에 박물관을 옮겨 놓은 듯한 느낌을 줍니다. 박물관에 직접 가기 어려울 때 활용하기 좋은 프로그램입니다. 저는 아이들과 박물관에 가기 전, 미리보기용으로 활용하고 있습니다.

④ 한국사 관련 책 읽기

아이들에게 보여 줄 한국사 책을 고를 때, 저만의 기준 세 가지가 있습니다. 인물 중심으로 진행되는 〈역사가 술술〉 프로그램을 보완하기 위해 시대순으로 진행될 것, 처음 한국사를 접하는 아이들에게 간략한 흐름 정도를 알려 주는 책일 것, 부담이 없을 만큼 쉬울 것. '나의 첫 역사책' 시리즈는 이 세 가지 기준에 적합한 책이었습니다. '만화 한국사 바로보기' 시리즈로 시대의 흐름을 한 번 더 다졌습니다.

《교과서가 쉬워지는 한국사 여행》이라는 책에는 가 볼 만한 유적지, 박물관 등이 시대순으로 잘 소개되어 있습니다. 한국사를 테마로 여행을 떠날 때 참고하기 좋아요.

⑤ 인문·고전으로 연결되는 관심사

둘째 "엄마, 이순신 장군은 전쟁 중에도 일기를 쓰고 대단한 것 같아. 나는 전쟁 중도 아니고 평소에 쓰는 것도 참 힘든데 말이야."

엄마 "그렇지? 전쟁 중에 왜 일기를 쓰셨을까?"

둘째 "전쟁 중에 힘든 마음을 글로 쓰지 않으셨을까?"

엄마 "그래. 우리도 힘들 때 글을 쓰고 나면 위로가 되는 경험을 느껴 봤잖아? 아마 이순신 장군도 그러셨겠지. 어떤 점이 힘드셨을지 궁금해지는데?"

둘째 "난중일기 읽어 보고 싶어!"

아이는 현충사에 전시된 난중일기를 보고 그 내용을 궁금해했습니다. 도서관에 가서 아이가 읽을 만한 수준의 난중일기 책,《처음 만나는 난중일기》,《나도 이순신처럼 일기 쓸래요!》를 골라 읽었습니다. '이순신'이라는 키워드가 현충사, 난중일기를 만나 인문·고전으로 연결되는 순간입니다.

요리 집공부 : 밥 하는 시간, 특별한 수업이 되다

음식을 할 때, 저는 아이들도 참여할 수 있는 기회를 주려고 노력합니다. 어렸을 적 저녁이 되면 부엌에서 풍겨 오던 엄마의 저녁밥 짓는 냄새가 따뜻한 기억으로 남아 있어요. 꼬꼬마 시절 엄마의 일손을 돕겠다고 부엌을 기웃거리며 콩나물 다듬기, 마늘 까기와 같은 작은 일들을 경험했던 것이 제가 요리를 하는 데 도움이 되었기 때문입니다.

더 현실적인 이유는 아이들이 어릴 때, 밥할 시간을 확보하기 위해서였어요. 어린아이들은 엄마가 밥을 하도록 가만히 두지를 않죠. 혼자 잘 놀다가도 엄마가 싱크대 앞에 서기만 하면 '놀아 달라', '책 읽어 달라' 괜한 심술을 부립니다. 난감하죠. 밥은 해야 하는데 아이는 칭얼대고…. 육아 난이도는 배로 올라갑니다. 밥도 하는 둥 마는 둥 아이의 수발을 들고 나면, 어느새 저녁 시간이 훌쩍 지나 버립니다.

① 재료 손질하기

육아 도움을 받을 곳이 없는 '육아 독립군'이었던 저는 꾀를 냈습니다. 아이도 함께 요리를 하도록 참여시켰어요. 된장찌개를 하는 날이면 "초록이가 두부 좀 잘라 줄래?" 하고 아이에게 부탁했어요. 다칠 위험이 없는 플라스틱 칼을 주고 자르게 했습니다.

"엄마, 다 썰었어"라는 말에 가 보면 식탁에는 두부에서 나온 물이 흥건하고 두부 조각이 여기저기 묻어 있습니다. 두부 모양은 납작한 두부, 뾰족한 두부, 커다란 두부, 작은 두부 등 개성이 넘쳐요. 들쭉날쭉한 개성 만점 두부를 된장찌개에 넣습니다.

> "아빠! 내가 썬 두부야."
> "초록이가 두부를 썰어서 된장찌개가 더 맛있네."

아이는 아빠의 칭찬에 기분이 좋아져요. 마치 요리사가 된 것처럼 뿌듯해하고, 된장찌개도 더 맛있게 먹습니다.

아이들을 요리에 참여시키면 장점이 많아요. 아이가 음식 만들기에 스스로 참여했기 때문에, 평소에 먹지 않는 메뉴도 호기심을 가지며 맛을 봅니다. 이 과정이 반복되면 편식을 개선할 수 있습니다. 아이에게 성취감을 맛보게 해 주는 좋은 방법이기도 합니다. 요리는 어른의 일이라고 생각했는데, 스스로 그 일부를 해냈다는 생각에 아이는 굉장히 뿌듯해합니다. 이런 작은 성취감들이 모여 아이의 자존감이 자랍니다. 엄마는 요리에서 일손을 덜 수 있으니 일석이조입니다. (물론 아이들이 요리가 손에 익을 때까지는 더 손이 갈 수 있어요.)

엄마가 요리할 때 아이들에게 주방 보조 역할을 맡겨 보세요. 두부, 버섯, 호박, 가지 등 재료 썰기, 고구마 줄기 껍질이나 완두콩 까기, 콩나물 머리 다듬기, 음식 간 보기, 계란 풀기, 꼬치 끼우기 등 아이들이 할 수 있는 역할이 생각보다 많습니다.

둘째는 유독 더 제가 하는 요리에 관심이 많습니다. 지금도 주방 보조 역할을 제일 열심히 수행 중이에요. 제가 요리를 할 때 와서 슬쩍 보고 가기도 하고, 제가 바빠 보이면 옆에 와서 아무 말 없이 재료를 씻고 있을 때도 있어요. 그 과정 자체를 굉장히 즐거워합니다. 아이의 흥미와 관심사가 눈에 보이는 순간이에요.

② 음식 간 보기, 맛보기

재료를 손질하고 나면, 밥이 다 될 때까지 아이들이 굉장히 심심해합니다. 그때 시간을 벌기 위해서 음식 간 보기를 시켰어요. 처음에는 시간을 벌기 위해 시켰는데 이제는 요리 과정의 필수 루틴이 되어 버렸습니다. 요리가 다 되어 갈 때쯤, 아이들은 주방에 하나둘씩 모여 간을 봅니다. 그러다 보니 가족 중에서 둘째가 음식의 간을 잘 본다는 것을 알게 되었어요. 이제는 가족들이 저보다 둘째의 간 보기 실력을 더 신뢰합니다. "이 샐러드에는 간장 드레싱이 더 잘 어울려", "어묵탕에서 쑥갓이 별미네. 어묵탕의 약간 느끼한 맛을 쑥갓이 잡아 줘"

와 같이 요리의 맛도 구체적으로 잘 표현합니다. 그러면 가족들은 둘째를 칭찬하지요.

"진짜 요리사처럼 맛을 잘 본다."
"음식 설명을 이렇게 잘하다니, 먹방 유튜버 해도 되겠는데?"

③ 요리하기

저희 집에서는 요리 과정에서 아이들이 하는 역할이 꽤 큽니다. 예를 들어, 김밥을 쌀 때는 아이들이 계란과 햄을 구워요. 그리고 보통 한 번에 열 줄 정도 싸는데, 아이들도 예외 없이 인당 두 줄씩 쌉니다.

아이들이랑 같이 요리하는 게 더 힘들지 않냐는 질문도 있습니다. 물론 처음에는 힘이 좀 들어요. 하지만 차근차근 단계를 밟아 가면 힘을 덜 들이고 해낼 수 있습니다. 아이들이 처음 김밥을 쌀 때는 김 위에 밥을 얹어 주고 그 위에 재료를 놓는 것만 합니다. 그 과정을 잘 해내면 김밥 말기를 해요. 가장 마지막에는 김 위에 밥을 얹는 것부터 김밥 말기까지의 전 과정을 아이들 스스로 하도록 하면 됩니다. 아이들이 김밥을 싸는 실력이 처음에는 어설퍼요. 하지만 경험이 쌓여 갈수록 모양새가 잡혀 갑니다.

이렇게 요리를 할 때 하나씩 차례대로 단계를 늘려 가면서 아이들의 참여율을 높이면 수월합니다. 아직 준비가 제대로 되지 않은 아이들을 처음부터 전 과정에 다 참여시키면 엄마는 엉망이 된 주방 때문에 도리어 더 힘들어집니다. 다시는 아이들과 요리를 함께 하고 싶지 않아져요. 아이들이 커 갈수록 더 깔끔히 요리하는 게 가능해집니다. 욕심내지 않고 한 번에 한 가지씩만, 아이들이 커 가는 속도에 맞춰서 함께 하는 게 좋습니다. 아이들도 요리에 조금 익숙해지면 스스로 도전하고자 하는 욕구가 생깁니다. 그럴 때는 아이의 도전을 적극적으로 지지해 주세요.

> "엄마, 오늘 저녁에는 내가 주먹밥 만들게. 압력솥 말고 전기밥솥에 밥해 줘. 주먹밥은 그게 더 맛있더라."

둘째가 저녁을 준비할 때에는 주문도 상세합니다. 찰진 압력솥 밥말고 고슬고슬한 전기밥솥 밥을 주문하네요. 밥솥이 열심히 돌아가고, 김이 빠지는 소리가 요란합니다. 저녁 담당 요리사로 임명되어 신이 났는지, 손도 철저하게 씻고 와요.

🧑 **엄마** "밥에 간을 해야 할 텐데?"

🧑 **둘째** "간은 엄마가 좀 해 줘. 섞는 거랑 간 보는 건 내가 할게."

소금과 참기름을 넣어 주자, 휘리릭 섞어 주먹밥 모양을 만듭니다. 그 사이 요리 보조도 한 명 구했네요. 막내예요. 막내가 김을 가늘게 자르고 있습니다. 둘째는 모양낸 주먹밥에 막내가 자른 김을 가운데 둘러 그릇에 예쁘게 플레이팅합니다.

👩 **엄마** "밥알을 좀 더 뭉치는 건 어때?"

🧒 **둘째** "모양은 이게 덜 예쁘지만 밥알을 덜 뭉치는 게 맛은 더 좋아."

아이도 다 생각이 있었습니다. 괜히 조언한다고 나섰네요.

🧒 **둘째** "먹으러 와요!"

🧒 **첫째** "잘 먹겠습니다."

👧 **막내** "역시 작은 오빠는 요리사야!"

가족들은 둘째에게 인사를 하고 주먹밥을 맛있게 먹었습니다. 이처럼 스스로 한 끼를 준비해서 가족들에게 대접하는 경험은 아이를 성장시킵니다. 굉장한 성취감과 자신감이 생기지요. 가끔 힘이 쭉 빠지는 주말 아침, 아이들에게 계란프라이를 주메뉴로 하는 정도의 간단한 아침 식사 준비를 맡기고 있습니다.

④ 음식점 메뉴 살펴보기

둘째는 현관문에 붙어 있는 배달 음식 전단지도 유심히 살펴봅니다. 외식할 식당을 고를 때에는 여러 식당의 메뉴를 꼼꼼하게 살펴봅니다.

"엄마, 나중에 내가 요리사가 되면 나는 어떤 메뉴를 팔까?"

당장 먹을 식사 메뉴를 넘어, 나중에 요리사가 되어 본인 식당에서 판매할 메뉴까지 고민해 봅니다. 아이의 일상에 관심사가 맞닿아 있어요.

⑤ 다양한 주제로 확장되는 독서

책을 잘 읽지 않는 아이들도 음식이 나오는 책은 좋아합니다. 김치, 케이크, 떡, 국수, 짜장면, 과자, 사탕, 떡볶이, 라면, 치킨 등 아이들이 좋아하는 메뉴가 나오는 그림책부터 시작해서 지식책을 많이 빌려 보았습니다. 그 후로는 레시피가 적힌 요리책을 또 한참 찾아 읽었습니다. 어린이 요리책, 어른 요리책 구분 없이 관심의 흐름에 따라 빌려 보았어요. 어린이 요리책을 빌려 온 날에는 레시피대로 요리를 만들어 보기도 했습니다.

레시피 책 다음에는 식재료로 관심이 옮겨 갑니다. 채소, 과일, 들나물, 산나물, 해산물 등 재료에 관한 책을 찾아 읽었습니다. 자연스럽게 식물, 갯벌에 사는 생물, 바다 생물들로 이어집니다. 어릴 때부터 좋아하던 식물, 동물과 다시 연결되었습니다.

《입맛 당기는 별별 세계 음식》이라는 책이 징검다리가 되어 다른 나라 음식에도 관심을 갖게 됩니다. 책에는 일본 스시, 중국 만두, 태국 똠양꿍, 베트남 포(쌀국수), 인도 카레, 튀르키예 케밥, 이탈리아 피자,

프랑스 바게트, 독일 소시지, 스페인 파에야, 미국 햄버거, 멕시코 타코 등 세계 여러 나라 대표 음식이 소개되어 있습니다. 특별한 음식, 발효 음식, 명절 음식, 면 요리, 계절 음식, 간식 등에 대한 내용도 나와요. 아이가 책에 나오는 다른 나라의 음식을 궁금해서 몇 가지는 식당에 가서 직접 먹어 보기도 했습니다.

음식과 관련된 책을 확장해서 읽다 보면 식량 문제, 기후 위기, 식품 첨가물, 공정무역 농산물 등과 같은 사회 문제도 접하게 됩니다. 요리에서 시작해 사회 문제로 연결되기 때문에 인문학적 소양까지 기를 수 있어요.

도서관에서 음식에 관한 책을 검색하다 보면 어른을 대상으로 하는 책이 많이 섞여 있습니다. 하지만 아이들은 제목에 끌리거나 내용이 궁금하다면, 어른 책도 주저하지 않고 일단 읽기에 도전합니다. 두꺼운 두께, 작은 글씨에 제압당하지 않고 읽어 내려가요. 아이의 관심사가 가진 힘이겠지요. 두껍고 긴 텍스트 읽기를 감당해 내는 힘은 결국 재미입니다.

이처럼 한 가지 관심사가 다른 관심사와 만나면서 배움의 넓이는 확장되고 깊이는 깊어집니다. 아이의 생활에서 사고와 학습 범위가 넓어지고 깊어지는 것은 결국 관심과 흥미에서 시작될 수 있습니다.

남편 "애들 데리고 자전거 타고 올게."

나 "어디서?"

남편 "좀 멀리까지 가 보려고. 시청까지 갔다가 돌아오는 코스야."

나 "뭐? 시청까지? 너무 무리하는 거 아니야? 날도 추운데 애들 감기 걸리면 어쩌려고 그래?"

남편 "괜찮아."

사실 저는 처음에 자전거 여행을 반대했습니다. 아이들의 나이와 체력에 비해 너무 무리한 코스라는 생각이 들어서였습니다. 남편과 아이들은 무슨 자신감인지 반대도 무릅쓰고 씩씩하게 집을 나섰습니다. 아이들이 자전거 여행을 하는 내내 저는 마음이 불안했습니다. 아이들이 혹 다치지는 않을지, 추운 날씨에 다녀와서 감기에 걸리는 건 아닐지 자꾸 신경이 쓰였기 때문입니다.

👧 **첫째** "엄마, 우리 시청까지 갔다 왔어!"

👧 **둘째** "엄마, 진짜 재미있었어."

👩 **엄마** "안 힘들었어?"

👧 **첫째** "응, 다리가 조금 아프긴 했는데 너무너무 재미있어!"

엄마의 걱정은 기우였습니다. 아이들은 무척 즐거워했습니다. 먼 거리를 스스로의 힘으로 완주했다는 사실도 굉장히 뿌듯해했어요.

저희 집 아이들은 어릴 때부터 바퀴 달린 탈 것을 좋아했습니다. 돌 전후부터 붕붕카를 탔고, 걷기 시작한 후로는 킥보드, 네 살부터는 자전거를 탔어요. 계절도 가리지 않았습니다. 날씨가 좋은 봄가을에는 오후 시간에 나가서 타고, 날씨가 더운 여름에는 다섯 시에 일찍 저녁을 먹고 밖으로 나갔습니다. 추운 겨울에는 유치원과 학교를 마친 뒤 햇볕이 조금이라도 더 남아 있을 때 얼른 타고 들어왔어요. 아이들은 아파트 단지와 아파트 옆 공원을 매일 휘젓고 다녔습니다.

아이들이 두발자전거를 타게 되면서 자전거 집공부는 날개를 달았습니다. 네발자전거를 탈 때는 아이들 다리의 힘도 부족하고, 보조 바퀴를 함께 굴리는 것 자체로 체력이 많이 소모됩니다. 멀리 갈 수가 없어요. 하지만 아이들이 보조 바퀴를 떼면서 장거리 주행도 가능해졌습니다.

날씨 좋은 주말이나 휴일 아침, 아이들은 아빠와 함께 자전거 여행을 떠납니다. 처음에는 아파트 근처, 놀이터, 동네 공원 등으로 자전거를 타러 갔습니다. 그러다가 20분 거리의 도서관으로, 40분 거리의 시청으로 코스를 점점 넓혀 갔습니다. 둘째와 막내가 두발자전거를 탈 수 있게 되면서 자전거 여행을 더 자주 가게 되었어요. 아빠와 첫째가 둘이 다닐 때보다 재미도 더해졌습니다. 인원수가 많아진 만큼 아빠는 신경 쓸 것도 많아졌죠.

① 목적지 정하기

출발 전 목적지를 정합니다. 목적지를 정할 때는 먼저 아이들의 수준에 맞는 적당한 거리를 생각해야 해요. 저희 집 아이들의 경우는 첫 자전거 여행에서 30분 정도 거리의 목적지를 정했습니다. 적당한 거리 내에서 최종 목적지를 정할 때는 아이들의 의견을 최대한 반영해 주는 것이 좋습니다. 가까운 거리가 아니기 때문에 아이들이 가고 싶은 곳이어야 자전거 여행의 힘든 과정을 더 잘 이겨 낼 수 있습니다.

아빠 "모여 봐. 내일 자전거 여행은 어디로 갈까?"

둘째 "현충사로 가자."

첫째 "갤러리아 백화점으로 가자."

아이 셋이 함께 가는 자전거 여행이라 목적지를 정하는 것부터 쉽지 않습니다. 의견 충돌이 있을 때는 한 명씩 순서대로 돌아가면서 원하는 곳을 선택하거나, 가위바위보를 하는 등 목적지를 정하는 기준도 함께 정합니다.

② 지도에서 목적지 찾아보기

자전거 여행을 출발하기 전에는 아이들과 함께 지도 앱에서 코스를 살펴봅니다. 자전거를 타고 갈 길을 미리 지도를 통해서 확인하면서 주의해야 할 점이 있는지 서로 이야기 나눕니다. 아이들은 지도를 보면서 방향 감각 및 사회 교과에서 배우는 '지도 보는 방법'을 학습합니다.

③ 출발 준비는 ABC+H

자전거 여행을 떠나기 전에 안전을 위해 'ABC+H'를 확인합니다. 아이들 스스로 확인하도록 안내하고, 부모가 한 번 더 최종 점검을 합니다.

A (Air)   자전거 타이어 공기압 확인
B (Brake)   브레이크가 제대로 작동되는지 확인
C (Chain)   체인에 이상이 없는지 확인
H (Helmet) 헬멧을 썼는지 확인

확인이 완료되었다면 마실 물도 꼭 준비해 주세요.

④ 대장 놀이

자전거 여행을 시작하면 대장을 정합니다. 대장은 한 번씩 돌아가며

해요. 대장에게는 두 가지 권한이 있습니다. 하나는 앞장서서 가는 것, 두 번째는 목적지로 가는 코스가 여러 가지일 때 길을 선택할 수 있는 것입니다. 대개 코스를 나누어 한 명씩 돌아가면서 대장 역할을 하는데, 반드시 아빠가 대장을 맡을 때도 있습니다. 코스 중에 자전거 도로가 좁거나 경사가 가팔라서 위험한 곳이 나올 때입니다.

아이들은 대장 역할을 수행하면서 도로 상황, 구성원들의 상태 등을 파악하는 경험을 합니다. 도로 상황이 좋지 않을 때나 구성원들이 뒤처질 때는 천천히 가고, 그 반대일 때는 앞에서 속력을 내 주죠. 응원과 격려의 말도 해 줍니다. 이런 경험을 통해 상황 판단력뿐만 아니라 배려, 리더십이 자연스럽게 자라납니다.

⑤ 휴식 및 중간 점검

자전거 여행을 하다 보면 아이들의 속도가 느려지기 시작할 때가 있습니다. 가다가 서는 간격도 짧아지고 물도 더 자주 마셔요. 아이들이 힘들어한다는 신호입니다.

 둘째 "아빠, 얼마나 남았어?"

 아빠 "이제 반 정도 온 것 같은데, 지도 한 번 다시 볼까?"

이때는 휴대폰으로 지도 앱을 켠 다음, 지나온 길을 보면서 성취감을 느끼게 해 줍니다.

아빠 "어디 보자. 지금 우리가 여기에 있어. 우리 집이 여기니까 반보다 조금 더 왔네."

 첫째 "우와. 벌써 반 넘게 왔어?"

앞으로 목적지까지 가야 할 길을 보면서 다시 한번 코스 공부를 합니다. 목적지까지 완주할 의지를 다지고 목적의식(아빠가 자전거 여행 중에 사 주는 편의점 간식)도 다시 상기시켜 줍니다. 그러면 아이들은 다시 목적지로 향할 에너지를 얻습니다.

⑥ 목적지 도착 및 귀가

목적지에 도착하면 잠시 물을 마시면서 휴식을 취합니다. 목적지를 돌아 귀가하는 길에 아이들이 지칠 때쯤에는 편의점에 들러 아이들과 맛있는 간식을 먹습니다.

첫째 "이야! 오늘도 우리끼리 해냈다. 우리 하이파이브하자."

아빠 "고생했어. 너희들 정말 기특하다. 짧은 거리도 아닌데 이걸 해내다니!"

여행을 무사히 마치면 아빠는 아이들을 칭찬하고 격려합니다. 그리고 집으로 돌아와서 여행 코스를 지도로 다시 확인하고, 자전거 여행에 대한 이야기를 나누며 여행을 마무리합니다.

⑦ 소감 나누기

한동안 매주 자전거 여행을 떠났습니다. 자전거 여행을 다녀온 후의 아이들의 모습을 보면서 불안했던 제 마음도 변하기 시작했습니다. 다녀오면 아이들 표정이 환해져요. 힘들고 지칠 것 같은데 오히려 생기발랄해집니다.

엄마 "자전거 여행하면 어떤 점이 좋아?"

둘째 "아빠하고 같이 노는 것도 좋고, 멀리까지 가니까 다른 아이들은 잘 하지 않는 특별한 경험을 하는 것 같아서 뿌듯해."

첫째 "나는 바람을 가르면서 씽씽 최고 속도로 달릴 때 기분이 너무 좋아. 처음에 출발할 때는 재미있게 타다가 중간에는 사실 힘들거든? 근데 이미 자전거를 타고 나왔으니까 방법이 없잖아? 끝까지 하는 수밖에. 그래서 다 타고 돌아오면 너무 뿌듯해."

자전거 여행을 시작하면 힘들고 지쳐서 그만두고 싶지만 그만둘 수가 없습니다. 아이의 표현대로 '이미 자전거를 타고 나왔고, 다시 돌아갈 방법은 자전거를 타고 돌아갈 방법'밖에 없기 때문입니다. 그래서 아이들은 힘든 순간을 결국에는 극복하게 됩니다. 과정의 어려움을 극복하고 목표한 것을 이루어 내는 성취감을 자전거 여행을 통해서 경험하게 되는 것이지요. 아이들끼리 함께 힘든 순간을 극복했기에 끈끈한

동지애도 생깁니다. 다양한 코스로 다니면서 새로운 상황에 아이들을 노출시킨다는 장점도 있습니다.

시청까지, 현충사까지 아이들이 자전거를 타고 가는 것은 무모한 목표라고 생각했습니다. 그런데 무모한 도전도 나쁘지 않았습니다. 이렇게 하나씩 '삽질'을 해 보는 거죠. 무모한 목표를 세우고 일단 도전해 보는 것, 앞서 이야기한 삽질 공부입니다. 하나둘씩 삽질해 나가다 보면 아이가 좋아하는 일을 찾을 수 있게 됩니다. 여행 작가, 자전거 가게 사장, 자전거 회사 사업가, 자전거 연구원…. 자전거 여행을 했던 경험이 어떤 미래로 연결될지는 아무도 모릅니다.

 아빠의 자전거 집공부 팁

1. 안전 보호구를 잘 착용해야 합니다. 안전에 관한 준비를 생각보다 더 철저히 해야 안전사고를 예방할 수 있습니다.

2. 요즘 자전거를 즐기는 사람이 많습니다. 자전거 도로에서 자전거 타는 사람들을 많이 마주치지요. 이때, 안전을 위해 자전거 타는 방향을 지켜 오른쪽으로 타야 합니다.

3. 뒤에서 오는 자전거가 앞으로 추월해서 갈 수도 있습니다. 이럴 때 아이들이 당황할 수 있어요. 뒤에서 신호를 주면 천천히 속도를 늦추면서 아이가 당황하지 않고 가던 길을 갈 수 있도록 지도해야 합니다.

4. 물을 충분히 준비해야 합니다.

5. 아이들이 지칠 때 동기를 북돋울 수 있는 보상이 꼭 필요해요. 아빠의 따뜻한 말, 응원의 말도 좋습니다. 아이들이 좋아하는 간식이나 아이들이 원하는 보상이라면 더 좋습니다.

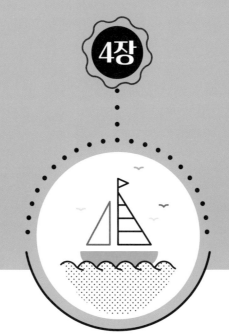

4장

진로편 :
정말로 원하는
길을 찾아서

하루하루가
아이의 이력으로

　근무하는 학교 도서관 서가에 꽂혀 있는 책 제목을 보고 무작정 집어든 책이 있습니다. 《오무라이스 잼잼》이라는 책인데요. 요리에 관심이 많은 둘째에게 추천해 줄 만한 책인지 살펴보기 위해서였습니다. 책장을 넘겨 보니 먹음직스러운 음식 그림들이 눈길을 끌었습니다. 게다가 작가가 먹었던 일상 음식의 재료나 유래 등에 얽힌 이야기, 그 음식을 먹었을 때 가족과 함께 있었던 에피소드가 적혀 있어서 내용도 알찼어요. 이 책은 두께가 두꺼운 '벽돌책'입니다. '이렇게 두꺼운 책을 읽어 낼까?' 하는 생각도 들었지만, 그래도 시도해 보았습니다. 저의 걱정은 기우였어요. 유치원생인 막내까지 셋 다 붙어서 그 벽돌책을 깨부수고 있었어요. 어른인 저도 푹 빠져들었습니다. 아이부터 어른까지 전 세대를 아우를 수 있는 책이 아닐까 싶은 생각이 들었어요.

　이 책의 조경규 작가는 어떻게 아이부터 어른까지 모두가 공감하는 책을 만들 수 있었을까요? 《오무라이스 잼잼》은 '다음 웹툰'에서 2010

년부터 매년 한 시즌씩 연재한 웹툰을 책으로 엮은 것입니다. 이 책을 펼치면 당장 그 메뉴를 먹고 싶어질 정도로 식욕을 자극하는 그림에 자꾸 눈길이 가고 저절로 책장이 넘어갑니다. 음식에 관한 정보까지 풍부한 이 책을 읽다 보면 '작가가 음식에 대해서 정말 진심이구나' 하는 생각이 들어요. 열두 권의 책 속에서 다룬 메뉴만 해도 무려 250여 가지에 이릅니다. 어떻게 이렇게 여러 가지 요리를 다룰 수 있었을까요? 작가는 20년 동안 음식에 관한 자료를 모았다고 합니다. 음식점 전단지까지 다 모았다고 해요. 대단한 정성이죠. 작가가 삼시 세끼 먹었던 음식, 하루하루 모아온 자료들이 《오무라이스 잼잼》의 바탕이 된 것입니다.

작가의 이력을 보면 더 놀랍습니다. 원래 공대생이었던 조경규 작가는 자퇴를 하고 컴퓨터로 웹 디자인을 독학합니다. 웹 디자이너 활동을 하다가 미국으로 유학을 떠나 시각 디자인을 공부했습니다. 처음부터 만화를 그린 것은 아니었어요. 본업은 일러스트 및 그래픽 작업이었지요. 그러다 〈팝툰〉이라는 만화 잡지의 표지 디자인을 했는데, 당시 편집자의 권유로 음식 만화를 그리게 되었다고 해요.

조경규 작가는 20년 전 음식점 전단지들을 모으기 시작했을 때, 그것이 웹툰의 자료가 될 거라고 예상했을까요? 아마 그렇지 않을 거예요. 단순히 먹거리에 대한 관심과 열정 때문이었을 가능성이 높습니다. 음식을 좋아하는 하루하루, 디자인을 하고 일러스트를 그리는 하루하루가 쌓여 《오무라이스 잼잼》이 탄생한 것이죠.

우리 아이들의 하루하루도 마찬가지일 거라고 생각합니다. 아이들이 해야 할 숙제는 안 하고 놀고 있을 때면 "공부 안 하고 뭐 하니?"라는 잔소리가 저절로 튀어나옵니다. 아이들이 놀고 있는 시간이 어른들 눈에는 빈둥대는 것으로 보일지 모르지만, 아이는 나름대로 무언가를 하고 있습니다. 장난감을 가지고 놀 수도 있겠죠. 여러 생각을 하면서 자신의 사고력을 확장시키고 있는지도 모릅니다. 틈이 날 때마다 게임을 하거나 유튜브를 보면서 엄마의 마음을 어지럽히기도 할 것입니다. 하지만 앞으로의 세상에서는 그런 활동들도 의미 있는 일이 될 수 있습니다. 아이가 지금 하고 있는 생각, 게임, 보고 있는 유튜브가 나중에 아이의 사업 아이템이 될지도 모르는 일입니다. 하루 종일 게임을 붙들고 있는 아이가 게임 개발자 혹은 게임 디자이너가 되고, 틈만 나면 색종이를 붙들고 종이접기만 하고 있는 아이가 나중에 커서 종이접기 연구가가 될지도 모르죠.

　《그냥 하지 말라》에서 송길영 작가는 앞으로 우리가 '나만의 가치'를 만들어 가야 한다고 이야기합니다. 그래야 인공지능에 대체되지 않아요. 어중간한 평균이 되어서는 다른 사람이나 인공지능이 나를 대체해 버립니다. 반대로 나만이 가지고 있는 무언가가 있다면 큰 경쟁력이 되겠죠. 송길영 작가는 이제는 '고민의 총량'을 팔아야 한다고 말합니다. 내가 했던 시도들의 총합, 내 전문성 및 숙고의 결과를 파는 것이죠. 축적된 시간, 이해와 지식의 총합입니다.

　그러면 그 해박함을 어떻게 만들어 가야 할까요? 그건 우리가 살아가는 '하루'에 정답이 있습니다. 하루하루 조금씩 쌓아 가는 수밖에 없어요. 경험과 노하우, 경쟁력은 하루아침에 뚝딱 생기는 것이 아니니까요.

우리 아이들이 경험하는 매일은 아이의 이력이 될 것입니다. 다만 그 이력은 불확실하고 우리 눈에 보이지 않죠. 공부는 눈에 보입니다. 뚜렷한 목표가 보이고 그것을 향해 가야 할 길도 눈에 보입니다. 아이가 한 공부의 분량이 보이고 점수가 눈에 보여요. 학원 레벨도 눈에 보이지요. 그러니 주어진 목표를 향해 나아가고 있는 것 같아서 안도감이 듭니다. 그런데 아이가 여유 시간에 하는 활동, 숙제할 시간도 부족한 시간에 하고 있는 학습 외 활동은 어떤가요? 입시라는 목표를 향해 나아가는 길에 '방해되는' 활동으로 여겨지기 쉽습니다.

이제는 공부가 아닌 '공부에 방해되는 일'이 아이를 먹여 살릴지도 모릅니다. 앞으로의 세상은 우리가 살았던 세상과 다르니까요. 미래는 어른들도 아직 살아 보지 않았기에 예측할 수 없습니다. 공부에 방해된다며 아이가 좋아하는 일을 반대하기 전에, 자유 시간만이라도 그 일을 할 수 있도록 응원해 주는 것은 어떨까요? 아이에게 공부라는 정답지 외에 다른 정답지 하나를 더 확보해 주는 거죠.

"공부는 안하고 매일 만화만 그리고 있어요."

학부모 상담을 할 때, 이런 고민을 한 해에 한 번은 꼭 듣는 것 같습니다. 이제는 남들과 다른 시선을 가져야 살아남습니다. 많은 부모들이 아이가 만화만 그리고 있는 것에 우려를 표할 때, 반대로 그걸 적극적으로 밀어준다면 더 경쟁력이 되지 않을까 생각해 봅니다. 아이의 일상을 매일 만화로 그려서 SNS에 올려 보는 거죠. 꾸준히 올리면 그것만으로도 아이의 포트폴리오가 됩니다. 아이가 먹는 것을 좋아한다면 먹거리, 곤충을 좋아한다면 곤충 등 아이가 좋아하는 것과 만화를 연결시킨다면 또 다른 경쟁력을 확보할 수 있습니다. 아이만의 분야로 만들어 줄 수 있지요.

아이가 매일 하는 일이 있다면 그것만으로도 반가운 소식입니다. 누군가 시키지도 않았는데 즐거운 마음으로 한다면 더더욱 그렇습니다. 요즘 초등학생 아이들은 어떤가요? 학원 숙제와 레벨 테스트에 지쳐 매사에 의욕이 없는 아이들이 많이 보이는 것이 현실입니다. 스스로 뭔가 의욕적으로 하고 있는 아이들의 모습만 보아도 응원해 주고 싶어집니다. 자기가 하고 싶은 일을 주도적으로 하면서 스스로 하루하루의 이력을 만들어 가고 있으니까요. 아이가 좋아하는 일이 있다면, 매일 하는 일이 있다면 그것을 응원하고 더 잘할 수 있도록 도와줄 방법을 생각해 보면 좋겠습니다. 그러면 그 일이 아이의 든든한 이력이 될 것입니다.

'나' 사용 설명서

가드너는 기존의 IQ가 광범위한 인간의 인지능력 영역을 설명하지 못한다는 것을 발견하고, 인간에게는 단일지능이 아닌 여덟 가지 이상의 다중지능이 존재한다는 것을 밝혀냈습니다. 밝혀진 여덟 가지 이상의 다중지능에는 언어지능, 논리수학지능, 공간지능, 신체운동지능, 음악지능, 인간친화지능, 자기이해지능, 자연친화지능 등이 있습니다.

EBS 프로그램 〈아이의 사생활〉에서는 가드너의 다중지능이론을 바탕으로, 성공한 사람들의 사례를 분석해 두 가지 공통점을 찾아냈습니다. 하나는 자신의 강점 지능과 직업이 일치한다는 것이고, 또 다른 하나는 '자기이해지능'이 높다는 것이었습니다. 심장전문의 송명근 박사는 논리수학지능, 자연친화지능, 자기이해지능이 높았습니다. 발레리나 박세은은 신체운동지능, 대인관계지능, 자기이해지능이 높았지요. 디자이너 이상봉은 공간지능, 언어지능, 자기이해지능이 높았고, 가수 윤하는 음악지능, 언어지능, 자기이해지능이 높았어요. 네 사람 모두 강점 지능과 직업이 일치하고 자기이해지능이 높다는 공통점이 있습니다.

자기가 어떤 일을 좋아하는지, 무엇을 잘할 수 있는지 등 자기 자신에 대한 정확한 이해가 있을 때 자신의 강점 지능을 잘 찾고 자기에게 잘 맞는 일을 선택할 수 있습니다. 또한 한 분야에서 성공하기 위해서는 그 과정에서 수많은 고난과 시련을 만나게 됩니다. 자기이해지능이 높은 사람은 자신만의 스트레스 해소법, 일을 효율적으로 하는 방법, 고비가 있을 때마다 힘든 자기 자신을 다독이는 방법 등을 활용하며 힘든 과정을 잘 견뎌 낼 것입니다. 이처럼 자기이해지능은 자신의 강점을 찾고 그 일에 최선을 다하기 위해 끊임없이 노력하는 데 큰 역할을 합니다.

우리나라 교육과정에서도 비슷한 맥락을 찾아볼 수 있습니다. 2015년 개정 교육과정에서는 우리나라 교육이 추구하는 인간상에 '자주적인 사람'을, 그 인간상을 실현하기 위한 역량으로 '자기관리 역량'을 제시하고 있습니다.

대구광역시 교육청에서는 우리나라 입시 위주의 교육에 대한 대안 중 하나로 IB(국제 바칼로레아) 교육을 도입하였습니다. IB 교육 중에서도 중요시되는 요소가 '자기 성찰'입니다. IB에서 제시하는 열 가지 학습자상 중에 '성찰하는 사람'이 포함되어 있고, 학생들의 학습이 이루어지는 탐구 사이클에도 '성찰' 과정이 포함되어 있습니다.

《강점 발견》에서 저자들은 오랜 기간 관찰하고 연구한 끝에 주변 사람들 중 자신의 삶에 만족하고 의욕이 있는 사람들과 그렇지 못한 사람들의 차이점을 발견했습니다. 그 차이점은 바로 '나다움'이었습니다. 삶에 대한 만족감과 의욕이 있는 사람들은 대부분 자기다움에 대해 인식하고 있었습니다. 또 '나다움'에 대한 자기만의 해답을 가지고 있는 사람들은 환경의 변화에도 쉽게 대응하고 어려움을 잘 극복해 나간다는 공통점이 있었습니다.

결국 성공과 행복 모두 자기 자신에 대한 이해가 바탕이 되어야 합니다. 우리 아이들이 자신이 좋아하는 일을 찾고, 그 분야에서 성공을 거두며 행복한 삶을 살아가기 위해서는 '자기 자신에 대해 알아가는 노력'을 꾸준히 해야 합니다.

저희 아이들은 '글쓰기 친구'라는 모임을 하고 있습니다. 또래 친구들과 일주일에 한 번씩 줌Zoom에서 만나 글쓰기를 합니다. 일주일 동안 있었던 일을 가볍게 나누고, 그날 글쓰기 주제에 대해 각자 돌아가면서 자신의 생각을 말로 표현하지요. 글쓰기 주제를 통해 자기 자신에 대해 생각할 기회를 자주 제공하고 있습니다. 이날의 주제는 '나' 사용 설명서였습니다.

엄마 "오늘은 나에 대해 사용 설명서를 써 볼까?"

친구1 "와, 그거 재미있을 것 같아요."

엄마 "나 사용 설명서에는 어떤 내용이 들어가면 좋을까?"

첫째 "내가 좋아하는 것?"

둘째 "내가 싫어하는 것도 쓸래요."

친구1 "저를 대할 때 주의해야 할 점이 무엇인지 써 볼래요."

엄마 "그래, 그런 것들이 들어가면 좋겠지? 그 외에도 너희들을 설명할 때 필요한 내용들을 자유롭게 써 보자."

아이들은 10분 동안 글을 씁니다. 글쓰기가 끝나면 한 명씩 돌아가며 글을 발표합니다.

'나는 이렇게 썼는데, 다른 아이들은 어떻게 썼나?' 하고 서로의 글을 보면서 자신의 글을 더 발전시키는 기회가 되기도 합니다. 아이들의 글쓰기 실력을 향상시킬 수 있는 효과적인 방법이에요. 아이들은 자기가 좋아하는 것, 싫어하는 것, 또 어떨 때 힘들고 화가 나는지에 대해서 글을 썼습니다. 처음에는 주제가 아이들에게 어려울 거라고 생각했는데, 그렇지 않았습니다. 아이들은 자기 자신을 되돌아보는 이 시간을 굉장히 즐거워했습니다. 아이들에게도 충분히 자기 자신을 돌아볼 수 있는 능력이 있었어요. 어린아이들이지만 자신에 대해 정확하게 표현할 줄 아는 것이 신기했습니다.

첫째는 전자 제품, 둘째는 백과사전에 비유해서 자신의 장단점을 썼어요. 한 친구는 자신을 인공지능 로봇에 비유해서 글을 썼습니다. 각자의 특성이 잘 드러나게 비유도 잘했습니다. 본인을 인공지능 로봇에 비유한 아이는 평소에 독서량이 많아서 풍부한 배경지식을 가지고 있습니다. 백과사전에 비유한 아이도 책을 많이 읽어 세세한 상식이 많은 아이입니다. 전자 제품에 비유한 아이는 평소에 전자 제품을 분해,

조립, 조작해 보는 것을 좋아하는 아이예요. 찰떡 같은 비유에 공감이 가서 글을 읽는 내내 집중할 수 있었습니다.

자기가 좋아하는 분야를 찾고, 그것을 강점과 진로로 연결하는 과정에서 아이들이 가장 먼저 해야 할 일은 스스로에 대해 아는 것입니다. 내가 어떤 일을 할 때 즐거운지, 또 어떤 일을 할 때 어려워하는지, 나의 성격은 어떤지, 나의 가치관은 어떤지 잘 생각해 보아야 해요. 몸을 쓰는 일이 즐거운 아이가 머리를 쓰는 일을 해야 한다면 어떨까요? 다른 사람 앞에 나서는 것을 어려워하는 성격의 아이가 매번 여러 사람 앞에서 프레젠테이션을 해야 하는 일을 해야 한다면 어떨까요? 일하는 동안 어려움을 겪을 가능성이 높습니다. 또한 자유로운 분위기를 좋아하는 아이에게 경직된 조직 문화 속에서 일하라고 한다면 갑갑해서 견디지 못할 것입니다.

많은 분야에서 빠르게 변화하는 미래 사회에서는 '나'에 대해 잘 알고 자기 관리를 잘하는 것이 더욱 중요해진다고 이야기하고 있어요. 아이들이 스스로 무엇을 좋아하는지, 어떤 환경에서 더 잘할 수 있는지 생각해 가면서 공부든 놀이든 취미든 할 수 있도록 도와주는 것은 어떨까요? 자기 자신을 성찰하는 태도는 아이의 강점을 찾고 그 강점을 강화하는 데 중요한 도구가 될 거예요. 자기성찰을 통해 내가 좋아하는 것을 선택하고, 비록 난관에 부딪히더라도 스스로 한 선택이기 때문에 기꺼이 이겨 낼 힘을 얻을 수 있습니다.

진로 검사 VS 관심 검사

진로 검사를 받아 본 적이 있으신가요? 중·고등학교 시절 한 번쯤은 다 받아 본 적 있으실 겁니다. 실제로 진로를 선택할 때 도움이 되었나요? 저는 그 당시 검사 결과에서 '교사'라는 직업이 항상 빠지지 않고 나왔던 기억이 있습니다. 최근에 책을 쓰면서 다시 진로 검사를 받았지요. 그런데, 이번 결과에는 교사가 나오지 않았습니다. 성격 적성 검사, 다중지능 검사, 직업 흥미 검사, 직업 가치관 검사, 진로 성숙도 검사까지 총 다섯 가지 검사를 했고요. 이 검사를 종합해서 결과가 나왔습니다. 검사 결과, 제 적성에 맞는 직업은 무엇일까요? 의사, 간호사, 작물재배 종사자, 생명과학 연구원, 약사, 조경기술자, 치과의사였습니다. 결과를 보고 저는 '내가 이런 쪽에 강점이 있었나?'라고 생각하며 고개를 갸우뚱했습니다.

어떤 사람은 두드러진 강점이 나타나는 반면, 어떤 사람은 하나의 강점이 눈에 띄기 보다는 여러 영역에 고루 강점을 보입니다. 다중지능을 연구한 가드너는 이 두 가지 형태의 지능 프로파일을 레이저형과 서치라이트형으로 구분했습니다. 뚜렷한 강점 지능이 있는 사람을 레이저형, 여러 가지 지능에 골고루 강점을 보이는 사람을 서치라이트형이라고 이름 붙였습니다.

저는 서치라이트형 지능 프로파일을 가졌습니다. 어느 한 지능 영역에 특출나지 않고 서로 비슷하기 때문에 한두 문항만 응답을 달리 해도 결과는 바뀔 수 있습니다. '자연친화지능'과 관련된 직업이 많이 추천되어 있는 것을 보니 해당 지능쪽에 더 높은 빈도로 응답을 한 것 같습니다. 중·고등학교 시절 결과지에도 일부분은 생각지 못한 추천 진로가 나오기도 했었습니다. 그때도 마찬가지였을 거예요. 여러 영역에 고르게 비슷한 적성을 보였기 때문일 것입니다. 영역별로 비슷비슷한 수치는 검사한 날의 컨디션이나 한두 문항 차이로 달라질 수 있습니다. 저는 진로 검사는 어디까지나 참고용이라는 결론을 내렸습니다. 제 자신에 대해서 조금 더 알게 되는 계기가 되었지만, 진로 선택에 큰 도움을 받았다는 느낌은 들지 않기 때문이지요.

아이들도 마찬가지일 거예요. 서치라이트형 아이들의 경우, 한 번쯤 참고용으로 진로 검사를 받을 수는 있겠지만 결과가 오히려 더 혼란을 가져다줄지도 모릅니다. 이럴 때는 아이의 관심사를 더 세밀하게 살펴볼 필요가 있습니다. 아이가 평소에 어떤 것을 좋아하는지, 무엇을 하면서 보내는 시간이 많은지, 어떤 것을 할 때 시간 가는 줄 모르고 푹 빠져 있는지 생각해 보는 것입니다. 하워드 가드너는 자신이 가진 재능을 발휘하기 위해서는 10년 이상의 노력이 필요하다고 했습니다. 아이가 좋아하는 것을 찾았다면 끈기를 가지고 꾸준히 해 볼 수 있도록 도와주세요.

"우리 아이가 좋아하는 것은 직업과 큰 관련이 없어 보이는데요?"

이렇게 질문하실 분들이 많을 것 같습니다. 하루 종일 블록 놀이를 하는 아이, 만화만 그리는 아이, 축구공만 차는 아이, 땅에서 개미가 기어가는 것을 보고 있는 아이를 보면 밥벌이와는 영 거리가 멀어 보입니다. 그러니 그것을 아이의 강점이라고 생각하기도 쉽지 않고, 진로와의 연결 가능성을 무시하게 됩니다.

하지만 블록 놀이가 진로와 연결되기도 합니다. 블록으로 예술을 하게 될 수도 있고, 레고 테마의 카페로 성공할 수도 있을 거예요. 블록방 프랜차이즈를 경영하게 될지도 모르죠. 긴즈버그Ginzberg는 진로발달 단계 중 초등학교 시기는 '환상기(6~11세)'라고 말합니다.♦ 능력, 현실을 고려하지 않고 자신의 욕구에 따라 직업을 선택하는 단계입니다. 수퍼Super는 초등학교 시기를 진로발달 단계 중에서는 '성장기'로 보았습니다. 성장기는 아동의 욕구가 지배적인 환상기(4~10세), 아동의 흥미가 중시되는 흥미기(11~12세), 능력을 중시하는 능력기(13~14세)

♦ 긴즈버그는 진로발달 단계를 환상기(6~11세), 잠정기(11~18세), 현실기(18세~성인 초기)로 나누었다.

를 거칩니다. 초등학교 시기는 환상기, 흥미기에 속합니다.

　두 이론의 공통점을 살펴보면, 초등학교 시기는 다양한 체험을 통해 아이의 관심사를 찾고 탐색해 보는 시기라고 말하고 있습니다. 이 시기의 다양한 체험은 아이의 직업과 직접적인 연결을 목적으로 하는 것은 아닙니다. 나중에 직업을 더욱 잘 선택하기 위해서 꼭 거쳐야 하는 '탐색'의 시간이지요. 그렇다면 탐색은 어떤 방법으로 하는 것이 좋을까요? 아이의 관심사를 쫓아가는 것이 가장 효율적인 방법입니다. 아이가 좋아하는 일에는 자연스럽게 더 많은 시간을 할애하게 되고, 더 깊이 탐구해 보고 싶은 욕구가 저절로 생기기 때문입니다. 몰입을 경험하지요.

　관심사를 오래 지속하면 실력을 쌓을 수 있습니다. 다양한 경험뿐 아니라 끈기가 필요하다는 것도 아이가 알게 되지요. 처음에는 설렘과 호기심으로 시작하나 그 시기를 지나면 익숙함과 지루함을 이겨 내야 하고 어느 수준까지 올라가면 벽을 넘어야 한다는 것도 알게 됩니다. 그러니 한 가지 분야를 깊이 있게 파 본 아이들은 다른 분야로의 전이도 빠릅니다.
　이런 관심 분야를 하나둘씩 아이의 속도를 따라 천천히 늘려 간다면 어떨까요? 아이 수준에서 몇 가지의 '전문 분야'가 생길 것입니다. 그러면 그 분야 간의 연결도 기대해 볼 수 있겠지요. 그렇게 관심사를 하나의 축으로 연결하면 바로 '아이만의 스토리'가 됩니다. 미래 사회에서 필요한 인재상을 말하는 로드 주드킨스의 책 제목《대체 불가능한 존재가 돼라》처럼 '대체 불가능한 사람'에 한 걸음 더 다가갈 수 있을 거예요.

초등학교 시기에 이렇게 관심사를 차곡차곡 쌓아간 후에 진로를 고민해도 늦지 않습니다. 만약 이 시기를 놓치면 아이가 좋아하는 것을 이것저것 탐색해 보고 실패해 볼 시간적, 심리적 여유가 부족해집니다. 교과 공부 외에도 꼭 시간을 할애해야 하는 부분이에요.

아이가 좋아하는 것을 찾고 그것에 꾸준히 시간을 들이는 것이 '강점'이라는 과녁에 더 정확하게 화살을 쏘는 방법이 아닐까 생각해 봅니다. 진로 검사는 이미 그려진 과녁에 맞게 화살을 쏘는 것이지만, 관심 검사는 화살을 쏘고 화살이 꽂힌 자리에 과녁을 그리는 방법과 같습니다. 관심사를 찾아서 그 위주로 꾸준히 노력하다 보면 강점이 될 테니까요. 아이의 강점을 찾기 위해서 진로 검사 대신 관심 검사를 해 보면 어떨까요?

관심 검사

1. 재미를 느끼는 일이 있나요? (YES or NO)

2. 재미를 느끼는 일이 무엇인지 적어 보세요.

3. 자유 시간에 주로 하는 일은 무엇인가요? (또는 자유 시간이 주어진다면 무엇을 하고 싶나요?)

4. 내가 잘하는 것은 무엇인가요?

5. 시간 가는 줄 모르고 푹 빠져 본 일이 있나요? 있다면 어떤 일인가요?

6. 다른 사람이 나에게 잘한다고 칭찬해 준 일이 있나요?

7. 오랫동안 해 온 일이나 관심을 가져 온 일이 있나요? 있다면 어떤 일인가요?

8. 한번 시작하면 얼마나 길게 그 일을 하나요?

9. 내가 좋아하는 일을 더 잘 하기 위해서는 어떤 노력이 필요할까요?

10. 내가 좋아하는 일을 꾸준히 하기 위해 계획을 세워 볼까요? (매일, 일주일, 한 달, 1년 계획 세우기)

공부 말고도
스트라이크 존은 있다

"취직 안 하나? 언제까지 아르바이트만 하려고?"
"이게 다 공부지. 세상 돌아가는 것 배우는 공부."

    대학 졸업 후 동생은 작은 업체에서 아르바이트를 하고 있었습니다. 다들 졸업하면 취직 시험을 보는데, 동생은 취업 원서를 내는 것조차 관심이 없었어요. 대기업 공채를 알아보라는 저의 설득에 동생은 대답도 하지 않았습니다. 그렇게 몇 해가 흘렀어요. 나이는 먹어 가고 취업 시장에서 점점 경쟁력은 떨어지는데, 동생은 여전히 취직할 생각이 없어 보였습니다. "나는 책상에 앉아서 하는 사무직은 적성에 안 맞아서 싫다. 이렇게 몸 움직이고 내가 생각해서 만들고, 스스로 해결하는 이 일이 좋아"라는 동생의 말에 저는 말문이 막혔어요. 미래가 불안정해 보이는 일에 발을 담그고 있는 동생을 어떻게든 설득해야 한다고 굳게 믿었습니다.

"그래도 제대로 취직은 해야지. 사무직이 안 맞으면 대기업 생산
직은 어때?"

"그런 조직 문화는 내랑 안 맞다. 고등학교 갈 때도 그렇게 마이
스터고 가고 싶다고 했는데 누나들이랑 아빠, 엄마 다 말렸지? 인
문계 안 가고 그때 마이스터고 가서 기술 배웠으면 지금 이 분야
톱이다."

    동생의 생각이 완고하다는 것을 알게 되었습니다. 고등학교까지 들
먹이는 것을 보니 지금 하고 있는 일에 진심이라는 생각이 들었어요.
그날 이후로 다시는 동생에게 취직 이야기를 꺼내지 않았습니다. 묵묵
히 동생이 가고자 하는 길을 응원하기로 했습니다. 몇 년 후, 동생은
기술을 인정받고 업계에서 자리를 잡았어요. 그리고 누구보다 행복하
게 일을 하고 있습니다.

    동생은 주기적으로 사표를 쓰고 싶다고 말하는 가족에게 "하기 싫
은 일을 왜 하고 있냐"라며 훈수도 둡니다. 동생이 만약 부모님의 기대
와 바람대로 대기업 사무직을 선택했더라면 저런 말을 했을까요? 동
생의 선택을 보면서 제 시야가 얼마나 좁았는지 알게 되었습니다. 일
에 대한 생각도 조금 바뀌었어요. 사회적인 시선보다 일을 하면서 느
끼는 자신의 만족감과 행복이 더 중요하다는 것을 깨닫게 되었습니다.
이제는 가족들이 동생의 선택을 인정합니다. 동생의 선택이 최고의 선
택이었다는 것을요.

사람은 자기가 경험한 것의 한계를 벗어나기 어렵죠. 저는 공부를 잘해야 좋은 대학을 갈 수 있고, 좋은 대학을 가야 좋은 직장을 얻을 수 있을 거라고 생각했습니다. 이런 생각을 깨지 않으면 아이들의 행복보다 공부에 집착할 수밖에 없을 거예요.

사실 저도 아직 완전히 자유롭지 못합니다. 하루아침에 바뀌기는 쉽지 않겠지요. 그렇지만 주변에 있는 다양한 사람들의 이야기를 듣고, 여러 가지 경우의 수를 수집하려고 노력합니다. 특히 새롭게 알게 된 사람의 직업에 대한 이야기를 많이 듣습니다. 여러 가능성을 알고 있는 것은 아이의 강점을 찾아주는 데 힘이 됩니다.

공부해서 대학에 가고, 졸업한 뒤 시험을 보고, 그걸로 또 취직하는 코스. 그것은 저의 이야기일 뿐, 주변을 둘러보니 꼭 공부가 아니어도 직장을 얻어 잘 살고 있었습니다. 취업을 넘어 창업, 창직(직업을 만드는 것)으로 잘 살고 있는 사람들도 많았습니다. 다양한 예시를 수집하고 부모의 시야를 넓혀 갈수록 '공부에만 목매지 말고 아이의 강점을 찾아 주자'라는 생각에 힘을 얻게 됩니다.

한 모임에서 미용실을 운영하는 분을 알게 되었습니다.

"나는 원래 삼성에 있다가 퇴직하고 지금은 미용실 해."
"우와! 멋져요. 저는 그냥 시키는 대로 대학 가고, 임용시험 보고 취직을 해서인지 다른 길을 가신 분들이 너무 멋져 보이고 궁금했어요. 그나저나 삼성이면 대기업이고 탄탄한 회사인데, 어떻게 퇴직하시고 새로운 도전을 할 생각을 하셨어요? 그 용기가 정말 멋지네요. 저라면 굉장히 망설였을 것 같아요. 월급도 많고 누구나 다 부러워하는 직장이잖아요."

"나는 좀 갑갑하게 느껴졌어. 물론 월급도 적지 않았지만, 나는 사업가 기질이 있는지 그 월급이 만족스럽지 않더라고. 조직 문화도 그렇고."

여러 사업을 성공적으로 하고 있는 지인에게도 물어보았습니다.

"어떻게 사업을 시작하게 되셨어요?"

"원래 회사에 다니다가 제 사업을 해 보고 싶어서 나오게 됐죠."

"처음부터 사업을 구상하고 퇴직하신 거예요?"

"네, 저 같은 경우는 비슷한 계통이어서 접근하기 좀 수월한 면은 있었죠. 그래도 처음엔 고생 참 많이 했습니다."

"보통 부모님들은 사업한다고 하면 다 걱정하시고 말리시지 않나요? 부모님 반응은 어떠셨어요?"

"저희 부모님은 항상 저를 믿어 주셨어요. 저는 사실 학교 다닐 때도 많이 놀았거든요. 그래도 부모님께서는 저한테 한 번도 공부하라는 소리를 하지 않으셨어요."

주변에 공부 외의 다른 길로 성공한 사람들에게는 공통적인 특징이 있었습니다. 바로 '부모님의 믿음'입니다. 아이가 공부를 잘하지 않더라도, 간혹 아이가 가는 길이 부모가 바라는 길이 아니더라도 그 길을 응원하고 끝까지 믿어 주는 것이지요. 모두가 공부를 열심히 해야 한다고 생각하는 시절에, 공부하라는 말 한마디 하지 않는 것은 쉽지 않은 일입니다. 그런 부모의 믿음이 강점에 맞는 진로를 찾는 데 큰 역할을 한 거예요.

사실 아이를 학원에 보내고 공부를 많이 시키는 데는 '우리 아이가 학교 수업을 못 따라가지는 않을까?', '우리 아이만 선행학습을 안 해서 뒤처지는 게 아닐까?'와 같은 부모의 불안감도 한몫합니다. 저만 해도 아이가 수학 단원 평가 시험에서 낮은 점수를 받아 오는 날에는 마음이 편치 않습니다. 왠지 모르게 불안해요. 40년 인생 동안 깊게 뿌리박힌 '공부는 꼭 해야 한다'라는 가치관이 쉽게 바뀔 리는 없겠지요. 대부분의 부모 마음일 거예요.

왜 그럴까요? 어쩌면 우리가 학교 공부만 해 왔고, 주변의 많은 사람들이 공부를 잘해서 성공한 경우를 주로 봐 왔기 때문은 아닐까요? 의사, 변호사 같은 전문직이 다른 직업보다 지위가 높다는 편견을 가지고 있는 것은 아닐까요? 직업에 귀천이 없다고 말하지만 마음속 한편에는 직업에 대한 편견을 가지고 있었던 것은 아닐까요?

'꼭 명문대에 가지 않아도 괜찮다.'
'아이가 좋아하는 일이면 무엇이든 괜찮다.'

부모의 열린 마음이 있다면, 우리 아이가 사회적으로 선망하는 직업을 가지기 바라는 마음을 조금 더 내려놓는다면 지금처럼 입시 위주의 교육에 목매지는 않을 것입니다. 꼭 공부가 아니어도 괜찮다는 유연한 사고가 필요한 시대입니다.

　인생이라는 것이 바라는 대로, 계획대로 잘되는 것도 아닙니다. 공부 한 가지에 '올인' 한다고 해서 꼭 성공한다는 보장도 없습니다.《여덟 단어》에서 저자 박웅현은 "인생은 마음대로 주무를 수 없는 것이니 스트라이크 존을 넓혀 놔야 한다"라고 말했습니다. 자녀의 진로에 대한 부모의 열린 마음이 오히려 아이를 더 큰 성장과 성공으로 이끌지도 모릅니다. 아이의 행복은 두말할 것도 없겠지요.

　공부 외의 스트라이크 존도 있다고 생각해 두면 어떨까요? 그 스트라이크 존은 아이가 좋아하는 것에서 찾을 수 있을 거예요. 부모가 학벌과 직업에 대한 편견을 없애고 넓은 시야와 열린 마음을 가질 때, 아이의 진로와 행복도 활짝 열리리라 생각합니다. 아이의 관심사를 한 가지라도 깊게 파 보면서 스트라이크 존을 하나 더 마련해 보세요. 국영수만큼 많은 시간을 들이지 않아도 됩니다. 좋아하는 것을 꾸준히 오랫동안 해 보는 겁니다. 미래 사회에서는 아이의 '딴짓'이 공부보다 더 효자 노릇을 하게 될지도 모릅니다.

5장

생활편 :
일상에서
기르는
자기 주도성

 # '삼남매 여행사'와 떠나요

추운 겨울 동안 집 안에서 지내다가 햇빛이 따뜻하게 느껴지는 봄이 되면 여행을 떠나고 싶어집니다. 마침 충주에 가야 할 일이 생겨, 가족들이 모두 함께 여행 삼아 다녀오기로 했습니다.

문제는 가기 전에 여행 일정을 짜야 하는데, 여력이 하나도 없다는 것이었습니다. 3월 초, 새 학교 발령과 새 학년 및 새 업무에 한창 적응 중이었어요. 교사에게는 1년 중 가장 업무 강도가 센 시기였지요. 저는 꾀를 내었습니다.

엄마 "이번 주 토요일에 충주 여행 가는데, 너희가 한번 계획을 짜 볼래? 글쓰기 대신이야."

첫째 "와, 재미있겠다! 글쓰기 대신이면 더 좋지!"

엄마 "너희가 가고 싶은 곳 한두 군데, 점심과 저녁 두 끼 먹을 곳만 정하면 될 것 같아."

둘째 "음…. 어떻게 찾으면 돼?"

요즘은 가족 여행이 많이 보편화되었습니다. 더 자주, 더 다양한 곳으로 여행을 떠나요. 아이들과 떠나는 여행은 준비할 것이 많습니다. 그래서인지 저는 여행을 출발하기도 전에 준비 과정에서 지쳐 버리기도 합니다. 아이들에게 직접 여행 일정을 짜 보도록 하는 것은 부모의 수고도 덜고 아이들에게 또 다른 배움을 제공하는 일석이조의 효과를 거둘 수 있습니다.

① 목적지 정하기

여행을 떠나려면 제일 먼저 목적지를 정해야겠지요. 목적지를 정하는 것부터 아이들과 함께 해 보세요. 지도를 펴놓고 무작정 여행지를 정해 보는 것도 좋고, 몇 군데 선택지를 아이들에게 제시한 후에 고르게 해도 좋습니다. 당일 나들이라면 편도 1시간~1시간 30분 이내인 곳을 추천합니다. 아이들이 여행 일정을 짜기에 수월하기 때문이에요. 아침을 먹고 출발하더라도 오전에 한 군데 정도 일정을 넣을 수 있지요. 만약 그보다 더 시간이 길어지면 점심시간이 애매해지거나 오후 일정이 뒤로 밀리게 됩니다.

② 지도에서 여행지의 위치 찾아보기

거실에 붙어 있는 우리나라 지도에서 충주의 위치를 찾아보았습니다. 우리가 살고 있는 도시와 거리가 얼마나 떨어져 있는지도 살펴봅니다. 충주에 가기 위해서 어떤 도로를 이용해야 할지 생각해 봅니다. 이런 과정을 통해 아이들은 자연스럽게 도시의 위치를 알게 됩니다.

사회 시간에 지도를 보고 지역의 위치를 무작정 외우는 것은 어렵지만 이렇게 아이들이 직접 가 볼 곳을 지도에서 찾아보면 기억에 잘 남습니다. 목적지, 우리가 살고 있는 지역이 우리나라의 어느 쯤에 위치하고 있는지, 두 도시 간의 위치 관계를 확실히 알게 되죠.

③ 일정 선별, 인터넷 자료 찾기

여행 준비를 할 때 보통 포털 사이트 검색을 많이 활용합니다. 그렇지만 아이들은 포털 사이트 검색을 활용해서 원하는 정보를 얻는 것이 어렵습니다. 한 도시의 정보가 일목요연하게 나와 있지 않고 조각조각 흩어져 있어요. 이것을 종합하는 것이 아이들 수준에서는 쉽지 않습니다. 그래서 저는 시청 홈페이지의 관광 메뉴를 활용합니다. 시청 홈페이지에 접속해서 관광 메뉴를 찾아 들어가면 관광 지도나 관광지 목록을 찾을 수 있습니다. 유명한 관광지가 있는 지자체의 경우에는 추천 코스도 나와 있습니다.

시청 홈페이지를 통해 먼저 관심이 가는 곳을 몇 군데 추립니다. 추려진 장소를 포털 사이트에 검색해 자세히 살펴봅니다. 우리 가족 여행에 알맞은 곳인지, 소요 시간은 어느 정도 될지 생각해 보면서 일정을 선별합니다. 이때 오전과 오후 일정을 각각 한두 개 이내로 잡는 게 좋아요. 오전에 두 시간 정도, 오후에 세 시간 정도 둘러볼 만한 곳을 정하면 일정에 쫓기지 않고 여유롭게 여행을 즐길 수 있습니다.

④ 지도에 목적지를 표시하고 코스 정하기

침대에 누워 휴식하고 있으니 아이들이 이러쿵저러쿵 의논하는 소리가 들립니다. 한참 후에 아이들이 왔습니다.

> **첫째** "엄마! 정했어. 동생들이랑 같이 찾았어. 활옥동굴이랑 숲 놀이터 두 군데 가고, 점심은 충주시장 근처 떡볶이집 한 군데, 저녁은 짱돌치킨으로 정했어."
>
> **엄마** "좋아. 그렇게 가 보자. 지도에서 갈 곳들 위치가 어디 있는지 찾아서 표시해 봐."

충주 지도를 하나 프린트해 주었습니다.

> **엄마** "동선이 괜찮은 것 같아?"
>
> **첫째** "숲 놀이터만 조금 떨어져 있고 나머지는 가까이 있어서 괜찮은 것 같아."
>
> **엄마** "그래. 그럼 아빠한테 최종 점검받아 봐. 운전할 사람은 아빠니까."

그렇게 우리 가족의 충주 당일 여행 코스가 정해졌습니다.

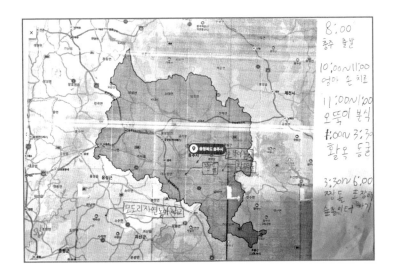

아이들이 목적지를 정했다면 지도에 표시해 보게 합니다. 지도 앱에서 해당 도시 지도를 캡처하여 출력합니다. 아이들은 지도 앱에서 목적지를 검색하고 출력한 지도에 위치를 표시합니다. 관광지, 식사할 곳을 모두 표시해 둡니다. 이렇게 하면 여행할 곳의 위치 관계를 한 눈에 파악할 수 있어서 코스를 짜기 좋습니다. 각 일정별 소요 시간과 동선을 고려하여 전체 일정을 짜고 기록합니다.

⑤ 여행하기

여행 당일에는 아이들이 각자 자기가 짠 계획표를 하나씩 들고 다니도록 합니다. 그러면 "엄마, 다음 일정은 어디야?", "아빠, 점심은 뭐 먹어?"라고 묻는 일이 없어집니다. 아이들이 스스로 여행 계획을 짰기 때문에 일정이 머릿속에 들어 있기도 하고, 일정이 적힌 지도를 들고 다니니 아이들 스스로 여행 과정의 전반을 예측할 수 있습니다. 좀 더 주도적인 여행을 할 수 있게 되지요.

"엄마, 활옥동굴 코스로 정말 잘 선택한 것 같아. 충주 여행의 핵심이 아닌가 싶어. 동굴 안 구경도 할 수 있고, 광부들 이야기도 볼 수 있고, 투명 카약도 탈 수 있잖아!"라며 스스로 선택한 코스에 대해 평가도 내립니다.

다음 코스인 숲 놀이터로 이동하는 중간에는 비가 내렸습니다.

👧 **둘째** "엄마, 우리 놀이터 가는데 비가 계속 오면 어떻게 하지?"
👩 **엄마** "일기 예보에는 그냥 '흐림'으로 되어 있는 걸 보니 금방 그칠 것 같아."
👦 **첫째** "여행 계획할 때 날씨도 잘 보고 코스를 짜야겠다."
👩 **엄마** "그러게. 또 하나 배웠네. 비가 많이 오지 않을 것 같으니 비 오는 놀이터도 경험해 보지, 뭐."

아이들 스스로 여행을 계획하면 코스에 대한 책임감이 생깁니다. 예정된 코스인 숲 놀이터는 가야 하는데 비가 오니 난감해했습니다. 만약 평소처럼 엄마, 아빠가 계획한 여행이었다면 아마 짜증을 냈겠지요. 숲 놀이터에 도착해서 주차하고 걸어가는데, 멀리 놀이터에 '진입 금지' 띠가 둘러져 있는 것이 보였습니다. 가까이 가 보니 공사 중이어서 숲 놀이터에 들어갈 수가 없었습니다.

"엄마, 이런 것도 미리 알아보고 와야 하는구나. 우리가 들어갈 수 있는지."

여행 계획은 계획일 뿐, 실전에서는 계획과 다르게 예측하지 못한 일들이 생깁니다. 그로 인해 아이들은 여행에는 변수가 많다는 사실과 돌발 상황에 대처하는 방법도 배우게 됩니다. 아이들 스스로 준비했기 때문에 문제 해결을 위해 주도적으로 나서지요. 여행할 때는 내가 들를 곳이 휴무나 공사 중은 아닌지 미리 알아보고 가야 한다는 것도, 날씨를 고려하여 일정을 짜야 한다는 것도 모두 경험을 통해 알게 된 사실입니다.

⑥ 기행문 쓰기

여행을 마치고 충주 여행을 주제로 글을 썼습니다. 여행 과정을 전체적으로 돌아보면서 경험한 것을 내 것으로 만드는 과정입니다. 기행문이라고 해서 거창하게 생각하면 아이도 힘들고 부모도 힘듭니다. 꼭 여행 일정 전체를 다 글로 남기지 않아도 됩니다. 일정 전체를 글로 써야 한다고 생각하는 순간 부담으로 다가오기 때문에 글쓰기가 싫어집니다. 여행 중에 가장 인상 깊었던 한 가지 장면만 선택하여 자세히 쓰게 해도 좋습니다. 여행 중 한 가지만이라도 아이의 기억에 남길 수 있다면 성공한 여행이지요.

대중교통 여행 팁

지하철, 버스와 같이 대중교통을 이용한 여행을 하는 경우, 아이들에게 스마트폰 지도 앱을 켜서 직접 목적지까지 찾아가 보도록 하는 것도 좋습니다. 이때 아이들이 앞장서고 부모는 뒤에서 아이들의 안전을 챙겨 주면 됩니다. 혹시 아이들이 지도를 잘못 보거나 방향을 혼동하고 다른 곳으로 갈 때는 다시 한 번 지도를 살펴보도록 조언하는 역할 정도만 해 주세요.

⑦ 여행 상품 기획하기

스스로 계획을 짜고 다녀온 여행에 아이들은 커다란 애정과 성취감을 느낍니다. 저는 아이들의 여행 경험을 조금 더 확장시켜 주고 싶었습니다. 그래서 '충주 여행 상품'을 만들어 보면 좋겠다는 생각이 들었지요. 곧바로 아이들과 또 협상을 시도했습니다.

  "요즘 글쓰기 지루하다고 했지? 조금 색다른 글쓰기 해 볼래?"

 "좋아! 요즘 글쓰기 너무 지루해. 어떻게 하는 건데?"

엄마 "충주 다녀오고 글 썼잖아. 그것도 참고하고 충주 여행지도 고려해서 여행 상품을 만들어 보는 게 어때? 너희가 여행사 직원이 되었다고 생각하고 말이야."

 둘째 "그거 너무 재미있겠다! 해 볼래!"

192

◆ 충주 여행 상품 개발 게시문

삼남매 여행사의 여행 설계사가 된 당신은 충주 여행 상품을 만들어야 합니다. 회사에서는 아이가 있는 가족을 대상으로 한 가족여행 상품 개발을 요청하고 있습니다. 지금까지 결정된 사항은 아래와 같습니다.

• 대상 고객: 유치원생,
　　　　　초등학생 자녀를 둔 가족
• 여행 기간: 당일
• 출발 시간: 오전 8시
• 출발지 및 기본 이동 코스: 아산-충주-아산

이제, 당신은 충주의 여러 관광지 중에서 이동 거리와 여행 대상자의 특성을 고려하여 구체적인 일정을 계획해야 합니다.

1. 여행 코스와 이동 거리를 산출하는 데는 충주시청 홈페이지와 네이버 지도 서비스를 이용할 수 있습니다.
2. 여행자의 피로도를 감안하여 전체 차량 이동 시간을 다섯 시간 이내로 제한하고 있습니다. 각 관광지 간의 거리를 잘 계산하여 일정을 짜야 합니다.
3. 가족들에게 선물이 될 만한 체험, 볼거리, 맛집이 가득한 여행이 될 수 있도록 당신의 실력을 보여 주세요.

여행 상품 개발이 완료되면, 최종 결정을 위해 회사 경영진을 모신 자리에서 발표를 해야 합니다. 소비자들의 마음을 사로잡을 충주 여행 상품을 기대하겠습니다. 삼남매 여행사는 여러분의 노력으로 만들어 갑니다.

《교실 속 즐거운 변화를 꿈꾸는 프로젝트 학습》(강인애 외 공저, 상상채널) 참고

1단계 - 여행 조건 제시하기

협상에 성공하면서 아이들은 여행사 직원이 되었습니다. 무작정 충주 여행 상품을 짜 보라고 하면 아이들이 막막해할 것 같아서 제시문을 하나 만들어 주었지요. 몇 가지 조건을 붙여서 아이들에게 생각할 거리를 주었습니다.

제시문에 아이들이 활용할 인터넷 사이트를 몇 군데 추려서 안내하는 것도 좋습니다. 그렇지 않으면 자료 찾기에 시간을 많이 허비하게 됩니다. 그러고도 정작 중요한 자료를 잘 못 찾기도 해요. 그 외의 여러 조건들은 아이들의 수준에 맞게 제시해도 되고, 하지 않아도 됩니다.

2단계 - 기존 여행 상품 살펴보기

먼저, 국내 여행사 홈페이지에 들어가서 기존에 판매되고 있는 여행 상품을 살펴보는 것이 좋습니다. 아이들은 여행 상품 구매 경험이 별로 없어 막연해합니다. 아이들과 함께 미리 몇 가지 관심 가는 여행 상품을 살펴보면 아이들 스스로 여행 상품을 만드는 데 많은 도움이 됩니다. 실제 여행사에서는 어떤 여행 상품을 판매하고 있는지, 어떻게 홍보하고 있는지, 상품의 구성은 어떤지, 코스는 어떤지, 가격은 어느 정도인지 다양한 각도로 살펴봅니다. 정말 여행사 직원의 입장이 되어 여행 상품을 살펴보는 것입니다. 이런 기획이 아니라면 아이들이 국내 여행 상품을 검색해 볼 생각이나 했을까요? 소비자의 관점을 넘어 생산자 관점이 되어서 아이의 기준으로 상품을 바라보는 값진 경험이 됩니다.

3단계 - 일정 및 가격 정하기

처음에는 여행 코스를 정하는 것조차 쉽지 않았습니다. '유치원생, 초등학생이 포함된 가족'이라는 조건이 붙어 있어서 아이들은 '정말 아이들이 좋아할까?' 생각하며 많이 고민했지요. 그 외에도 소요 시간이 아이들에게 무리가 되지 않을지, 아이들과 가기에 어려운 점은 없는지, 위험한 것은 없는지 등을 생각해 보았습니다.

아이들은 여행 상품의 가격 책정을 가장 어려워했습니다. 입장료와 식비가 모두 포함되어야 하고 여행사의 마진이 있어야 하는데, 또 너무 비싸면 소비자의 선택을 받기 어렵기 때문입니다. 이때, 아이에게는 조금 더 경험이 쌓이면 '마진율'에 대해 공부를 더 해 보자고 이야기하고 일단은 아이의 생각을 존중해 주었습니다.

그 외에 세세한 부분을 고려해야 했습니다. 환불 규정, 가족 구성원의 수에 따라 점심 가격이 달라지는 부분, 여행 상품 가격을 가족 단위로 받을 것이냐 어른과 아이로 나누어 개인으로 나눌 것이냐 등 고민에 고민을 거듭했습니다. 결국 요금의 경우에는 어른과 아이 개인으로 요금을 받는 것으로 정하고 자료를 마무리했습니다.

4단계 - 발표 자료 만들기

요즘은 3학년만 되어도 인터넷에서 자료를 찾아야 하는 수업이 있습니다. 패들렛, 인터넷 게시판 등에 과제를 올리는 수업도 있습니다. 이때, 한글 타자를 미리 연습해 두면 도움이 됩니다. 간단한 발표 자료를 만들 수 있다면 더 좋겠지요. 저희 아이는 3학년 겨울 방학에 방과

후 학교에서 컴퓨터 수업을 받았습니다. 그때 처음 배웠던 파워포인트를 활용해서 발표 자료를 만들었습니다.

컴퓨터를 다룰 수 있는 아이라면 발표 자료를 만드는 것 자체는 어려운 일이 아니에요. 하지만 발표 자료에 요약된 내용을 담는 것은 어려워할 수 있습니다. 이럴 때는 미리 연습장이나 공책에 스토리보드를 만들어 보는 것이 좋습니다.

5단계 - 발표하기

"아, 떨려!"

가족들 앞에서 발표하는 데도 막상 발표하는 것은 떨린다고 해요. 엄마, 아빠가 여행사 사장 역할이고 아이가 여행사 직원 역할이어서 그랬는지도 모르겠습니다. 그래도 아이는 발표를 씩씩하게 마쳤습니다.

아이 스스로 여행사 직원이 되어 충주 여행 상품을 만들었습니다. 주어진 문제를 해결하면서 정보를 찾고, 찾아낸 정보를 본인의 필요에 맞게 가공해서 발표 자료를 만들었어요. 자료를 한 장씩 넘겨 가며 연출된 상황에서 발표도 했습니다. 만약 발표를 어려워하는 아이라면 만든 자료를 출력한 다음, 가족들과 둘러앉아 함께 보면서 이야기를 나누는 형식으로 진행해도 좋습니다. 그러면 발표에 대한 부담감을 줄이고 다른 가족들에게 자신의 이야기를 전할 수 있어요.

아이들은 생활 속에서 많은 것을 경험하고 있습니다. '여행 상품 만들기'처럼 다양하고 색다른 활동을 통해 아이의 경험들을 조금 더 깊이 있게 다뤄 보세요. 이런 시도들이 어느 날 아이의 강점과 연결될 수 있답니다.

◆ 가족 여행 계획표

여행지		여행 날짜	
여행 목적			
참가자			
가 보고 싶은 곳			
여행 일정	시간	일정	
준비물			
참고 사항			

◆ 여행 상품 만들기

여행지		여행 날짜	
여행 목적			

계획 세우기	할 일	시기
	국내 여행사 상품 살펴보기	
	일정, 가격 정하기	
	부모님과 중간 점검	
	발표 자료 만들기	
	부모님과 중간 점검	
	발표하기	

행선지 및 행선지별 필요 경비	행선지	필요 경비
	합계	

여행 상품 일정	시간	일정

참고 사항	

월세 보증금을 벌어라

〈미운 우리 새끼〉라는 TV 프로그램에서 아직 결혼하지 않은 연예인들이 혼자 사는 모습을 본 적이 있습니다. 사는 모습이 다 제각기 달라요. 아침형 인간, 올빼미형 인간, 미니멀리스트, 맥시멀리스트, 식사를 잘 챙겨 먹는 사람, 끼니를 대충 때우는 사람, 운동을 열심히 하는 사람, 소파와 한몸인 사람 등 생활 모습이 다양합니다. 스튜디오에는 출연진의 어머니가 패널로 등장합니다. 자녀의 생활 모습을 보면서 보태는 한두 마디가 프로그램의 묘미를 더합니다. 삶의 경험에서 우러나오는 통찰이 담겨 있어요.

이 프로그램에 한때 저의 영웅과도 같았던 1세대 아이돌 멤버가 출연한 적이 있습니다. 어린 시절의 저라면 스타의 사생활을 볼 수 있다는 생각에 마냥 설레었을 겁니다. 하지만 이제 엄마가 된 저는 스튜디오에 계시는 엄마의 관점으로 보게 되었어요. 편의점 음식으로 식사를 해결하고, 리모델링한 집 안에 편의점을 차려놓은 모습에 걱정이 되었습니다. 그 장면을 보신 어머님의 표정과 한숨을 잊지 못합니다.

자취를 해 본 적이 있으신가요? 저는 대학교 3학년 때 처음 자취를 시작했는데, 그때의 막막함이 아직도 기억납니다. 처음에는 기숙사를 나와 자유로운 몸이 된 것이 무척 기뻤어요. 간섭할 부모님도, 기숙사 사감도, 정해진 귀가 시간도 없었습니다. 그렇지만 매일 삼시 세끼를 스스로 해결해야 한다는 건 막막한 일이었습니다. 처음에는 소꿉놀이하듯 레시피를 찾아가며 재미있게 요리를 했습니다. 그런데 그것도 3일쯤 지나니 피곤해지기 시작했어요. 수업도 들어야 하고, 과제는 밀려 있는데 밥까지 세끼 챙겨 가며 대학 생활을 한다는 것이 쉽지 않은 일이었습니다.

평소에 요리에 관심이 있었음에도 소꿉놀이처럼 하던 요리와 생활 요리는 또 달랐어요. 요리에 지쳐 학생회관이나 학교 근처 식당에서 사 먹기도 했습니다. 그런데 그렇게 계속 생활하다가는 한 달 생활비가 금방 동이 날 것 같았지요. 자취를 시작한 지 일주일 만에 매 끼니를 스스로 해결하는 것이 버거운 일이라는 사실을 깨달았습니다.

결혼하고 아이를 낳고 보니, 먹고 사는 건 더 큰 문제였습니다. 어른은 한 끼를 건너뛰거나 대충 때울 때도 있지만 아이는 그럴 수 없으니까요. 어른은 매일 사 먹어도 아이 밥을 매일 사 먹일 수도 없는 노릇이고요. 일하는 엄마에게는 더 어려워요.

이렇게 세 끼를 스스로 해결하는 것이 중요하고 어려운 일인데, 우리는 왜 제대로 배운 적이 없을까요? 왜 아무도 스스로 몇 가지 요리는 할 줄 알아야 한다고 말해 주지 않았을까요? 요리를 배웠던 기억을 떠올려 보았습니다. 분명 몇 가지 요리를 배우기는 했는데, 기억에 남는 것이 별로 없어요.

부모님께서도 제가 공부만 열심히 하기를 바라셨지, 스스로 끼니를 해결하는 것을 조금도 기대하시지 않으셨어요. 늘 '공부하느라 피곤할 텐데 쉬라'는 말씀을 하셨고, 맞벌이를 하시면서도 집안일은 엄마가 혼자 다 도맡아 하셨습니다.

아이들이 성인이 되어서 스스로 끼니를 해결할 수 있게 하려면 어떻게 해야 할까 궁리하다 '월세 보증금을 벌어라' 프로젝트를 시작했습니다. 이 활동은 아이들에게 요리를 가르치고 열 가지 요리를 할 줄 알게 되면 독립할 때 월세 보증금을 주는 프로젝트입니다. 하나의 요리를 통과할 때마다 월세 보증금의 일부를 적립해 주는 시스템으로, 아이들의 먹거리 독립과 경제적 독립이라는 두 마리 토끼를 잡을 수 있어요.

아이들이 독립하면 거주할 곳도 마련해야 합니다. 대부분 월세로 시작을 하겠지요. 월세 보증금이 없다면 더 높은 월세를 아이들이 감당해야 합니다. 더 열악한 환경에서 거주해야 할 수도 있고요. 이 활동은 아이들이 성인이 되어 경제적으로 자립하더라도 최소한의 보호 장치를 준비해 주기 위한 것입니다. 장기적인 계획을 세워 월세 보증금 정도는 마련해 보면 어떨까요?

① 월세 보증금 계획 세우기

먼저 월세 보증금을 얼마로 준비할 것인지 정합니다. 저희 집에서는 월세 보증금 1000만 원으로 계획을 세웠어요. 대학가 근처에 있는 원룸의 월세를 검색해 보면 도움이 됩니다. 물론 아이들이 성인이 되었을 때는 사실 부족한 금액일 수 있습니다. 앞서 이야기했듯, 아이들의 안락함을 보장하기 위함이라기보다 최소한의 보호 장치를 준비해 주는 거예요.

만약 집안의 경제적 사정이 여유롭고, 증여 문제도 생각해야 한다면 증여 범위 내에서 충분히 고려해 볼 수 있습니다. (미성년자의 경우 10년에 2000만 원, 성인은 5000만 원까지 비과세 증여가 가능합니다.) 또한 원금은 1000만 원이지만 이를 우량한 주식에 장기적으로 투자한다면 아이가 자립할 때는 더 큰 금액으로 만들 수 있습니다.

목표 월세 보증금이 정해졌다면 월세 보증금 마련을 위한 장기 계획을 세웁니다. 명절 휴가비나 성과급 중의 일부를 떼어 준비해도 좋고, 매달 일정 금액을 정해 적금을 해도 좋습니다. 아이가 열 살일 때부터 매월 10만 원씩 모은다면, 스무 살이 될 때 충분히 1000만 원을 만들 수 있습니다.

② 활동 목적 이야기 나누기

아이들에게 이 프로젝트를 진행하는 목적을 이야기합니다. 아이의 건강하고 탄탄한 자립을 위한 준비임을 알려 주고, 월세 보증금 마련을 위한 부모의 계획도 아이와 함께 공유합니다. 또한 아이에게 열 가지 요리 미션을 해야 한다는 것과 각 미션을 성공할 때마다 보증금의 일부를 받을 수 있다는 것도 이야기해 주세요.

③ 미션 정하기

아이들이 어릴 때부터 진짜 먹고 사는 데 필요한 요리를 한 가지씩 함께 해 봅니다. 요리 미션 중 한 가지를 통과할 때마다 100만 원씩, 월세 보증금의 10퍼센트를 적립해 주는 거예요.

초등학교 때부터 이 프로젝트를 시작한다고 가정하면, 12년 동안 열 가지의 요리를 손에 익혀 독립하게 됩니다. 1년에 한 가지 정도의 요리를 익히는 것이니 해 볼 만하다는 생각이 들었습니다.

미션은 아이들의 발달 단계에 맞게 시작하면 됩니다. 저희 집 첫째 아이의 경우 7세에 시작할 수 있었고, 둘째 아이의 경우는 1학년에 시작할 수 있었습니다. 미션 메뉴는 아이들이 스스로 선택하게 해 주세요. 하지만 첫 미션은 계란프라이를 추천합니다. 초등학교 입학과 동시에 시도할 수 있고, 쓰임이 많아 가장 실용적인 메뉴이기 때문입니다. 계란프라이가 들어가는 메뉴가 생각보다 많아요. 간장 계란밥, 볶음밥, 비빔밥, 국수, 떡국, 김밥, 샌드위치, 스크램블드에그 등 다양한 요리에 활용이 가능합니다. 계란프라이를 할 수 있게 되면 아이들이 자연스럽게 다양한 요리에 참여할 수 있어요.

아이들에게 요리를 한 가지 가르쳐 주었다고 해서 바로 숙달되는 것은 아니지요. 그래서 최대한 많은 기회를 주려고 합니다.

"오늘 아침은 우리가 차려 볼게."

주말 아침, 아이들이 밥을 스스로 차리겠다고 합니다. 내심 주방이 폭탄을 맞은 것처럼 어질러질 것 같아서 마음이 불안했지만 그러라고 했습니다. 아이들이 불러서 가 보니 계란프라이, 김, 김치로 한 끼가 뚝딱 준비되어 있었어요. 주말 아침에 딱 맞는 간단하고 멋진 한 끼였습니다.

"우리가 아침을 스스로 준비했어! 엄마, 우리가 준비한 거야!"

아이들이 무척 뿌듯해합니다. 스스로 준비했다고 강조에 강조를 더하지요. 성취감을 느끼면서 자존감도 올라가는 순간입니다. 이렇게 계란프라이 하나로 요리에 조금씩 참여하다 보면 자연스럽게 다른 요리를 배우는 데 동기 부여가 됩니다. 그때 다음 미션을 정하고 수행해 나가면 돼요.

두 번째 미션부터는 각자의 취향을 존중해 주세요. 첫째 아이는 두 번째 미션으로 전을 구워 보고 싶다고 했어요. 마침 집에 고구마가 있어서 아이와 고구마전을 구웠습니다. 이렇게 전을 구워 본 경험은 명절 음식을 준비할 때도 도움이 됩니다. 둘째는 두 번째 요리로 샐러드를 선택했습니다. 다양한 재료로 응용하기도 좋고, 요즘은 한 끼 식사로도 손색이 없죠.

컨디션이 좋지 않아서 움직일 힘이 나지 않는 날, 첫째의 세 번째 미션이 시작되었습니다. 아이들이 먹고 싶어 하기에, 참치 김치찌개를 만들어 보라고 했습니다.

엄마 "초록이는 감자칼로 감자 깎을 수 있겠어?"

첫째 "응! 할 수 있지."

엄마 "다홍이는 양파 까서 플라스틱 칼로 자를 수 있겠어?"

둘째 "물론이지!"

엄마 "삼순이는 가위로 김치 자를 수 있겠어?"

막내 "응!"

첫째는 손질한 재료를 참치와 함께 넣고 볶은 후, 물을 붓고 참치김치찌개를 끓였습니다.

"아빠! 이거 우리가 만든 찌개야. 먹어 봐."

"너무 맛있다! 대단한 걸?"

"우와! 이거 진짜 우리가 만든 거 맞아? 어른이 만들었다고 해도 믿겠다. 왜 이렇게 맛있어?"

아이들은 신이 났습니다. 아이들 덕분에 저는 손 안 대고 코를 풀 수 있었어요. 이렇게 아이들 각자의 식성과 취향을 반영하여 '월세 보증금을 벌어라' 프로젝트가 진행되고 있습니다. 첫째 아이는 이제 300만원, 둘째 아이는 200만 원의 월세 보증금이 적립된 셈이네요.

이 프로젝트는 아이의 먹거리 독립과 경제적 독립을 함께 도울 수 있습니다. 엄마, 아빠 품에서 자라는 아이들은 나중에 커서 생활할 집을 스스로 마련해야 한다는 것을 아직 생각하지 못합니다. 이 프로젝트를 진행하면서 아이들은 '엄마, 아빠로부터의 독립'에 대해 조금씩 알아갑니다. 독립이라는 것은 엄마, 아빠와 다른 집에 사는 물리적인 상황임은 물론 먹을 음식과 살 집도 스스로 해결해야 한다는 사실을 생각하게 돼요.

성적만을 위해 달리다가 어느 날 맞닥뜨린 갑작스러운 독립, 혼란스럽지 않으셨나요? 우리 아이들은 독립할 때 저처럼 경착륙하지 않고 연착륙하기를 바랍니다.

◆ 월세 보증금을 벌어라

이름	
목표 월세 보증금	금 원
활동 목적	
목표 달성 기간	년 월 일 ~ 년 월 일

	번호	요리 미션 메뉴	날짜	부모님 확인
요리 미션	1			
	2			
	3			
	4			
	5			
	6			
	7			
	8			
	9			
	10			
참고 사항				

작전명, 결혼기념일 1128

"쉿! 조용히 해. 엄마, 아빠 깰라."

　주말인데 아침부터 아이들이 분주하게 움직이는 소리가 들려왔습니다. 아이들의 말소리에 문득 《쉿! 엄마 깨우지 마!》라는 동화책에서 다섯 마리의 원숭이 형제가 엄마 몰래 엄마의 생일 케이크를 만들면서 벌어진 소동이 머릿속에 떠올랐습니다. 다섯 마리 아기 원숭이들의 모습과 저희 아이들의 모습이 머릿속에 겹치면서 괜히 웃음이 났어요.

　저희 아이들도 분명 무언가를 준비하는 소리였습니다. 바로 엄마, 아빠의 결혼기념일이었기 때문이지요. 마침 날이 추워지고 해도 짧아지면서 아침에 일어나기가 힘들었는데, 피곤한 몸을 억지로 이끌고 아침 준비를 하지 않아도 될 것 같았습니다. 이불 안에서 눈을 감고 침대와 한 몸이 되었습니다. 아이들이 어질러 놓을 주방을 생각하면 걱정이 됐지만, 보너스로 주어진 아침잠의 달콤함과 맞바꿀 만합니다. 그것만으로도 아이들은 이미 결혼기념일 선물을 준 셈이었지요. 냉장고

문을 여는 소리, 환풍기가 돌아가는 소리, 싱크대 수전에서 물이 흐르는 소리, 수저와 그릇이 달그락거리는 소리가 들렸습니다. 아이들이 어떤 메뉴를 준비할지 기대가 되었어요.

"엄마, 아빠! 결혼기념일 축하해요."

이윽고, 준비가 다 된 모양인지 아이들이 방문을 열고 들어왔습니다. 저는 잠에서 겨우 깨어난 척을 하고 남편과 함께 식탁으로 향했습니다. 식탁에는 아이들이 만든 브런치가 차려져 있었어요.

아빠 "와, 이게 뭐야?"

첫째 "엄마, 아빠 결혼기념일이어서 우리가 특별히 아침을 준비했지!"

엄마 "이거 다 누가 만든 거야? 진짜 멋진 브런치다!"

둘째 "형아가 계란프라이 하고, 나는 야채랑 과일 씻은 다음에 소스 뿌려서 샐러드 만들었지. 삼순이는 토스트기로 빵 구웠고."

엄마 "와, 플레이팅도 어쩜 이렇게 이쁘게 했지?"

아빠 "계란프라이도 엄마는 완숙, 나머지 가족들은 반숙이네. 각자 취향에 딱 맞게 했네."

삼남매표 고사리손 브런치를 맛보며 '이제는 정말 이만큼이나 많이 자랐구나' 하는 마음이 들어 괜히 울컥했습니다. 벅찬 마음에 포크를 든 손도 느려집니다. 천천히 빵과 달걀프라이, 샐러드를 차례대로 다 비웠습니다. 한 끼 식사로 훌륭했어요. 아이들의 결혼기념일 작전은 대성공이었습니다.

아이들은 '결혼기념일 작전'을 통해 요리사가 되어 봅니다. 첫째와 막내뿐만 아니라 꿈이 요리사인 둘째에게는 더없이 좋은 경험입니다. 작전을 수행하기 위해 서로 의논하여 메뉴를 고르고 각자의 역할 분담, 플레이팅도 고민하는 과정을 거치며 이런 결과물을 냈을 것입니다. 요리사도 실제로 이런 과정을 거치지요. 손님에게 대접할 메뉴를 구성하고, 직원들의 역할을 나누고, 요리부터 플레이팅을 거쳐 서빙까지 합니다. 아이들은 달걀프라이를 하며 먹는 사람의 취향을 생각하고, 그릇에 완성된 음식을 담으면서 이왕이면 보기 좋게 담아야 같은 음식도 더 맛있어 보인다는 사실을 배웁니다.

저는 아이들이 활용할 수 있는 식재료를 냉장고에 자주 채워 둡니다. 아이가 처음으로 스스로 간식을 만들어 먹으려고 할 때, 전쟁터가 될 주방이 두렵더라도 너그러운 척 허락해 줄 필요가 있습니다. 스스로 활용할 재료와 엄마의 허락이 있으면 아이들은 요리를 시도해 볼 수 있어요.

특별한 날, 아이들에게 한 끼의 식사를 준비시켜 보세요. 아이들이 불이나 칼을 사용하지 않고 할 수 있는 요리들도 많답니다. 처음에는 그런 요리부터 시작해 보세요. 빵에 버터와 잼을 바른 토스트 그리고 채소, 치즈, 방울토마토, 드레싱을 섞어 만든 샐러드와 우유 한 잔. 이 세 가지만으로도 간단한 한 끼 식사가 완성됩니다. 집에 있는 가장 예쁜 그릇에 잘 담기만 해도 멋진 브런치 레스토랑이 부럽지 않습니다. 엄마, 아빠는 한 끼의 수고로움을 덜고 아이들은 자신의 꿈을 키워 갑니다.

대학 등록금 마련 프로젝트

성인이 되기 전에 돈을 모아 본 경험이 있으신가요? 저에게도 분명 통장은 있었어요. 세뱃돈을 모아 저축을 했던 기억은 있는데, 통장 잔고는 늘 바닥이었습니다. 20년간 받은 세뱃돈만 해도 모으면 꽤 큰 금액이었을 텐데 다 어디로 갔을까요? 용돈은 그냥 '모아뒀다가 필요할 때 쓰는 것'인 줄만 알았습니다. 용돈 기입장을 쓰기도 했었고 나름 최저가를 비교해 가며 소비를 했지만, 아껴 썼을 뿐 결국 다 써 버린 거죠. 용돈과 세뱃돈 중에 일정 부분을 저축했던 것도 결국에는 소비를 위한 저축이었어요. 부끄럽지만 대학 등록금은 당연히 부모님께서 내주는 돈이라고 생각했습니다. 집안 형편이 그렇게 넉넉하지 않았음에도 불구하고요.

제 친구 중에서는 스스로 등록금을 마련한 친구가 있었습니다. 과외와 아르바이트를 꾸준히 해서 번 돈으로 등록금뿐만 아니라 생활비까지 충당했어요. 한 후배는 어려서부터 차곡차곡 모은 세뱃돈과 대학 때 과외로 번 돈을 모아 펀드에 투자했습니다. 그 당시 20대 중반의 사회 초년생임에도 수천만 원의 자산을 보유하고 있었죠. 앞의 두 친구와 제가 경험한 경제의 세계는 달랐습니다.

아이들이 성인이 되어 살아가는 데 '돈'은 꼭 필요합니다. 돈 없이는 하루도 살 수 없어요. 그런데 우리는 성인이 되기 전에 돈에 대해서 배운 적이 별로 없습니다. 절약, 저축, 현명한 소비 정도를 배웠습니다. 가장 현실적인 문제임에도 학교 교육과정에는 돈에 대한 가르침이 거의 없습니다. 가정에서도 저축과 절약만 배웠지, 그 이상의 경제 공부는 해 본 적이 없어요. 대한민국의 고성장 시대를 사신 우리 부모님 세대는 저축만 해도 10퍼센트 이상의 높은 이자를 받을 수 있었습니다. '저축'과 '절약'을 최고로 생각하실 만하지요.

우리 아이들이 살아갈 세상은 이제 달라졌습니다. 이미 경제 성장 속도가 더딘 저성장 시대로 진입했어요. 금리가 낮아지고, 은행에 돈을 넣어도 이자가 많지 않습니다. 저축만으로는 물가 상승률도 따라가기 어려워요. 은행에 저축해 놓으면 매년 내가 가진 돈의 가치가 떨어집니다. 자본주의에 대해 공부하고 잘 활용할 줄 아는 사람만이 경제적 여유를 가질 수 있는 시대가 될 것입니다.

① 돈 벌기

우리나라에서는 아이들이 돈을 버는 경험을 해 볼 방법이 별로 없습니다. 그래서 생각해 낸 것이 당근마켓을 이용한 중고 거래와 공병 보증금 받기입니다. 아이가 어릴 때 가지고 놀던 장난감과 책을 당근마켓에서 판매하고 수입을 얻습니다. 아빠가 마신 맥주병을 모아서 마트에 가져다 주고 공병 보증금을 받아 와요. 캔맥주를 즐기던 아빠는 아이들의 공병 보증금 수입을 위해서 병맥주를 마시고 있습니다.

> **엄마** "마트에 맥주병 팔아 보니 어땠어?"
>
> **첫째** "친구들이 볼까 봐 조금 부끄럽기도 하고, 한편으로는 나 스스로 돈을 벌 수 있어서 뿌듯하기도 했어."

초등학교 2학년이 된 첫째 아이가 첫 공병 보증금을 받아 온 소감이었습니다. 처음에는 쑥스러워했지만 이제 둘째 아이와 서로 공병 보증금을 받아 오려고 경쟁합니다.

가정에서 아이들이 할 수 있는 역할을 찾아서 용돈을 벌 기회를 주는 것도 좋습니다. 최근, 아이들이 다시 미니카에 관심을 가지면서 미니카 구입 비용을 벌고 싶다는 이야기를 했습니다. 그래서 일주일 중 이틀 동안 막내 등하원을 도맡아 하고 있는 첫째, 둘째에게 등하원 도우미 비용을 주기로 했습니다.

② 돈 모으기 : 통장 만들기, 저축하기

저희 아이들도 어린 시절의 저처럼 '용돈=쓰는 돈'이라는 생각을 어렴풋이 가지고 있는 것이 보입니다. 저의 경험을 떠올려 보면, 용돈을 모아서 목돈을 만들 수도 있었는데 다 써 버린 게 참 아깝더라고요. 아이들은 용돈을 좀 더 현명하게 쓰도록 가르치고 싶었습니다.

모든 돈 관리의 기본 중 기본은 잘 모으기, 저축입니다. 가까운 은행에 아이와 함께 가서 통장을 만들어 보세요. 그리고 돈이 생기면 은행에 가서 저축합니다. 몇 번 반복하면 아이들이 통장에 있는 잔액에 관심을 가지기 시작합니다. 통장 잔액을 읽어 보고 또 읽어 봐요. 요즘은 주로 모바일 통장을 이용하지만, 아이들에게는 종이 통장이 더 좋습니다. 언제든지 궁금할 때 열어 볼 수 있고 손에 잡히는 통장이 아이들에게 저축에 대한 동기를 부여하는 데 더 효과적이기 때문입니다.

저희 아이들은 통장을 만든 후 세뱃돈 모으는 재미에 빠졌습니다. 일부분을 떼어 조금은 쓰고 저축을 해도 된다고 알려 주었지만 통장에 불어나는 숫자의 뿌듯함을 이미 알아 버렸습니다. 세뱃돈을 받으면 철석같이 엄마를 믿고 맡기던 아이들이 "엄마가 쓰지 말고 꼭 통장에 넣어 줘"라고 말합니다. 뜨끔하는 순간입니다. 아이들은 이제 받은 세뱃돈을 머릿속에 계산해 둡니다. 스스로 자기의 돈을 관리하지요.

저축에 관심을 가지기 시작했다면 아이들과 함께 저축 목표를 정하고 통장의 이름을 붙여 보세요. 'ㅇㅇ의 대학 등록금', 'ㅇㅇ의 배낭여행', 'ㅇㅇ의 어학연수'처럼 통장 이름을 저축 목표로 정하는 것도 좋습니다. 저축에 목표가 생기면 아이들이 저축에 더 적극적인 태도를 가집니다. 중간에 돈을 빼서 쓰고 싶은 마음이 생길 때도 함부로 쓰기 망설여집니다. 긴 시간 저축을 통해 자신의 목표를 이룬다면, 그 또한 아이에게는 인생의 밑천이나 다름없는 값진 경험이 될 것입니다.

 할머니 "새해 복 많이 받고 맛있는 거 사 먹어."

 첫째 "네, 할머니. 저 통장에 저축할 거예요."

 할머니 "저축해서 어디에 쓸 거야?"

 첫째 "대학 등록금으로 쓸 거예요."

아이에게 저축 목표가 생겼습니다.

③ 돈 잘 쓰기 : 현명한 소비

🌈 현명한 소비를 해야 하는 이유와 의미 알기

학벌, 직업, 소득에 무관하게 성인 중에도 지출 관리를 잘하지 못해서 어려움을 겪는 사람들이 많습니다. 그런 사람들은 어려서부터 돈 관리를 해 본 경험이 많지 않을 가능성이 높아요. 많이 벌어서 번 만큼 쓰는 사람과 조금 벌어도 아껴서 저축하는 사람 중에 어떤 사람이 더 부자가 될 가능성이 클까요? 아마 후자일 것입니다. 돈을 잘 관리할 줄 안다면 무조건 높은 소득을 좇을 필요성이 줄어듭니다. 자신의 강점을 살려 하고 싶은 일을 하면서도 얼마든지 경제적 어려움 없이 살 수 있습니다. 어려서부터 생활 속에서 경제 공부를 해야 하는 이유입니다.

지출은 수입보다 적어야 한다

수입이 정해져 있다면 결국 소비를 얼마나 하느냐에 따라 저축률이 달라집니다. 1000만 원을 벌어 1100만 원을 쓰는 사람과 300만 원을 벌어 150만 원을 쓰는 사람 중 결국 부자가 될 가능성이 높은 사람은 후자입니다. 아이들에게도 현명한 소비의 중요성을 알려 줄 때 이 이야기를 들려 주세요. 아이들은 카드와 대출을 사용할 수 없으므로 수입보다 지출이 클 수는 없겠지만, 카드와 대출을 이용해 무분별한 소비를 하는 어른들의 잘못된 예시도 이야기해 줍니다.

꼭 필요한 것을 산다

사고 싶은 물건이 나에게 꼭 필요한 것인지, 이미 비슷한 것을 가지고 있지는 않은지 잘 생각한 다음 사도록 합니다.

이왕이면 싸게 산다

같은 물건도 어디에서 사느냐에 따라 가격이 다릅니다. 과자 한 봉지를 사도 마트에서 사느냐, 편의점에서 사느냐에 따라 가격이 달라요. 인터넷 쇼핑몰과도 비교해 볼 수 있습니다. 아이들이 구매할 물건의 가격을 스스로 여러 군데 비교해 보도록 합니다.

때로는 시간을 돈으로 산다

장난감 가격을 비교해 보면 마트보다 온라인 쇼핑몰이 훨씬 쌉니다. 대신 온라인 쇼핑몰은 물건을 택배로 받을 때까지 기다려야 한다는 단점이 있지요. 아이들에게 조금 기다렸다가 더 싸게 살 것인지, 바로 사는 대신 조금 더 비싸게 살 것인지 선택하게 합니다. 대부분의 경우에는 아이들이 며칠 기다리더라도 더 싸게 살 수 있는 온라인 쇼핑몰을 선택합니다. 그런데 꼭 당일에 사야 하는 경우가 있습니다. 다음 날 여행을 갈 때 가져가야 할 물건이라면 비싸더라도 바로 사야 하겠지요. 이럴 때는 조금 비싸더라도 빠르게 물건을 사면서, 시간을 돈으로 사는 것과 마찬가지라고 이야기해 줍니다. 꼭 필요할 때는 이렇게 시간 대신 돈을 써야 한다는 것을 알려 주는 거죠.

기회비용

🧒 **둘째** "엄마, 뭘 사야 할지 너무 고민이야."
🧑 **엄마** "잘 골라 봐."
🧒 **둘째** "내 용돈으로 사니까 더 신중하게 고르게 돼."

아이들은 엄마, 아빠가 사 줄 때보다 본인이 살 때 더 신중하게 물건을 고릅니다. 물건도, 가격도 더 꼼꼼하게 살펴보고 이 정도 값을 지불하는 것이 적당한지 스스로 생각해 봅니다. 저희 집 아이들은 일주일에 2000원 씩 용돈을 받습니다. 문제집 한 권을 다 풀면 '책거리'를 하는데, 이때 5000원 정도의 먹거리나 장난감을 고를 수 있습니다.

🧒 **첫째** "엄마, 과자를 산 건 기쁜데 또 기쁘지만은 않아."

엄마 "왜?"

첫째 "맛있는 과자를 먹는 건 좋은데, 내가 쓸 돈이 줄어드는 거니까 마음이 조금 뭔가 서운하고 그래."

엄마 "응. 좋기도 하고 서운하기도 하고 그렇지? 이걸 어려운 말로 기회비용이라고 해. 내가 먹고 싶은 과자를 사는 대신에 용돈은 줄어드는 거야. 만약에 과자 사 먹는 것을 참았다면 용돈은 그대로 유지할 수 있지만 내가 먹고 싶은 것을 먹는 기회를 잃어버리는 거지."

소비를 하면서 느끼게 되는 다양한 감정이 있습니다. 어느 날은 정말 잘 샀다는 생각이 들고, 어느 날은 너무 비싸게 산 것 같고, 또 어떤 날은 필요 없는 물건을 괜히 산 것 같아서 기분이 좋지 않습니다. 아이 스스로 소비 생활을 하면서 이런 감정들을 느끼게 됩니다. 이 경험들을 통해 스스로 현명하게 소비하는 방법을 배우게 되겠지요.

🌈 용돈 기입장 작성하기

《나도 세금 내는 아이가 될래요!》라는 책을 읽은 첫째가 용돈 기입장을 적어야겠다고 말했습니다. 엄마가 말하면 잔소리이지만, 책에서 읽고 스스로 선택한 일은 즐거운 마음으로 합니다. 그날 아이들과 함께 동네 문구점에 들러 각자의 마음에 드는 용돈 기입장을 하나씩 사 왔습니다. 그리고 용돈 기입장 적는 방법을 알려 준 뒤, 각자 지금 가지고 있는 용돈을 세어 기록했습니다.

용돈 기입장을 쓰면 아이 스스로 수입은 얼마인지, 어디에 얼마의 돈을 썼는지, 남은 잔액이 얼마인지 파악할 수 있습니다. 자신의 소비 습관을 돌아보고 현명하게 소비할 수 있어요. 용돈 기입장을 통해 아이들 스스로 용돈을 관리하는 방법은 '돈을 관리하는 경험'을 쌓을 수 있는 아주 좋은 기회입니다.

우리 집 가계부 살펴보기

"엄마, 우리 집은 부자야?"

어느 날 문득 아이가 집안의 경제 사정을 궁금해했습니다. 친구들끼리 부자에 대한 이야기를 나눈 모양입니다. 물려받거나 가성비 좋은 옷과 신발을 이용하는 우리 아이와 다르게 좋은 옷과 신발을 이용하는 친구들과의 차이도 이제 슬슬 느끼기 시작합니다. 브랜드의 개념도 알아갑니다.

아이와 함께 컴퓨터 앞에 앉아 우리 집 가계부 엑셀 파일을 열었습니다. 그리고 엄마, 아빠의 한 달 수입과 고정지출 및 변동지출을 함께 살펴보았습니다.

 첫째   "우리가 한 달 사는데 이렇게 많은 돈이 필요해?"

 엄마   "생각보다 많이 들지? 엄마도 깜짝 놀랄 때가 있어. 그런데 이 정도면 아껴 쓰는 편에 속해."

가계부를 살펴본 후 아이는 방과후학교나 학원을 다닐 때에도 수강료가 얼마인지 꼭 물어봅니다. 어떤 사람들은 아이가 너무 돈에 대해 생각하게 만드는 것은 좋지 않다고 말합니다. 하지만 저는 아이가 본인이 살아가는 데 얼마만큼의 돈이 드는지, 그리고 우리 가정에서 어떻게 그 돈을 충당하고 있는지 아는 것이 아이에게도 도움이 된다고 믿습니다. 경제적 감각뿐 아니라 아이의 학습 동기나 태도에도 영향을 미칠 수 있습니다. 형편이 넉넉해서 학원 비용을 대는 것이 아니라, 그 비용을 감당하기 위해 부모도 일을 해야 한다는 것을 알면 배움의 태도가 달라집니다. 무작정 갖고 싶거나 하고 싶은 일이 생겼다고 떼를 쓰지도 않아요. 합리적인 소비인지 먼저 스스로 생각해 보는 습관을 가지게 됩니다.

④ 돈 불리기 : 투자

🌈 은행 이자

1년에 한 번, 은행에서 이자를 정산해 줍니다. 통장에 붙은 이자의 금액은 아이들 눈으로 봐도 적은가 봐요.

 첫째 "이자가 생각보다 적네."

엄마 "응. 저축은 원래 돈을 잃을 위험이 없는 대신 이자가 적어."

첫째 "이자를 더 많이 받는 방법이 있어?"

엄마 "물론이지. 주식이나 펀드를 하면 돈을 잃을 위험이 있는 대신, 잘 투자하면 저축보다 더 많은 돈을 받을 수 있단다."

첫째 "그래? 주식 투자는 어떻게 하는 건데?"

엄마 "돈을 잘 버는 회사에 투자하는 거야. 그 회사의 일부분을 사는 거지. 주식을 사려면 증권 계좌가 있어야 해."

첫째 "증권 계좌 내 것도 만들어 줘."

🌈 주식

몇 번 더 아이가 재촉해서 증권 계좌를 만들었습니다. 이제는 아빠와 함께 주식에 대해 공부해 봅니다.

아빠 "코로나가 끝나면 뭘 제일 먼저 하고 싶어?"

첫째 "수영!"

아빠 "그럼 수영이랑 관련된 회사가 있는지 찾아볼까? 어디 보자, 수영복 회사가 있네."

첫째 "그 주식 사 보고 싶어."

아빠 "코로나가 완전히 끝나면 사람들이 지금보다 여행을 많이 다닐 테고, 리조트나 호텔 수영장에도 많이 갈 테니까 수영복에 대한 수요가 지금보다 늘 거야."

아이와 함께 주식 가격도 살펴보고, 차트를 보면서 가격 추이도 살펴보았습니다. 회사의 자산과 매출도 살펴보고요. 아이가 고른 주식이 단기간에 상승했습니다. 목표 주가가 오지 않아 해당 종목을 매수하지는 않았지만, 아이와 함께 한동안 가격 변동을 매일 체크했어요.

저희 아이들이 태어나기도 전에 적금의 이자만큼 주식을 사둔 것이 있습니다. 금액이 크지 않아 가정 경제에 큰 보탬은 되지 않았지만, 좋은 경험이 되었습니다. 좋은 기업의 주식을 고르고 장기 투자를 하면 적금보다는 훨씬 높은 수익을 얻을 수 있지요.

아이들에게는 시간이라는 큰 재산이 있으니 우량한 주식을 장기간 투자하면 아이들 등록금 마련에도 도움이 될 것 같았습니다. 아이들 증권 계좌에 그동안 모아 놓았던 세뱃돈을 이체하고 홈택스에서 증여 신고를 했습니다. 만 20세 전까지는 10년 동안 2000만 원까지, 그 이후로는 10년 동안 5000만 원까지 증여세가 면제됩니다.

세뱃돈 금액이 크지 않아 증여세 신고를 하지 않아도 무방하지만, 아이들 이름으로 사 둔 주식이 장기간 많이 오를 경우에는 증여세 비과세 범위를 넘을 수 있습니다. 그래서 적은 금액이지만 먼저 비과세 신고를 해 두는 것이 좋습니다. 아이들과 함께 공부해서 우량한 주식을 사고, 시간의 힘을 빌려 등록금을 마련하는 데 보태려고 합니다.

아이의 주식 계좌를 개설하는 방법

1. 증권사 선택

   여러 증권사 중에 부모가 이미 이용하고 있거나 가까운 지점이 있는 증권
   사를 선택하는 것이 좋습니다. 각 증권사별 거래 수수료를 비교해 보고
   개설하는 것도 좋은 방법입니다.

2. 지점 방문

   성인의 경우 비대면으로 계좌를 개설하는 것도 가능하지만, 미성년자는
   지점을 방문해야 계좌를 개설할 수 있습니다. 기존에 거래하던 은행의 계
   좌가 있다면 주식 계좌와 연결이 가능한지 알아보는 것도 좋습니다.

3. 필요 서류

   1) 자녀의 기본증명서(상세)
   2) 가족관계증명서(상세)
   3) 부모 주민등록초본
   4) 부모 신분증(방문자)
   5) 아이 도장

※ 증권사마다 필요 서류가 다를 수 있으니 확인 후 방문하시는 것이 좋습니다.

🌈 부동산

 첫째 "엄마, 잔금이 뭐야?"

 엄마 "집을 살 때나 빌릴 때, 처음에 계약금으로 전체 금액의
10퍼센트를 주고 나머지 90퍼센트의 돈은 이사 들어가
는 날 보통 주는데 그 돈을 잔금이라고 해."

집을 사고파는 과정을 아이들과 함께 했습니다. 집을 구할 때는 함

께 집을 둘러보고, 계약서를 쓸 때도 같이 가 봅니다. 잔금을 치를 때도 마찬가지고요.

이사를 할 때는 부동산에 가서 집을 알아봐야 하는데, 왠지 모르게 부동산 문턱이 참 높습니다. 집안 자산의 대부분이 들어가는 일임에도 불구하고 몇 군데만 보고 덜컥 집을 사게 되는 경우가 많죠. 부동산에 함께 가 보는 것만으로도 아이들에게는 큰 경험이 될 것이라고 생각합니다. 이런 기회가 생긴다면, 아래 예시와 같이 집을 어떻게 샀는지도 이야기해 주면 좋습니다.

> "이 집 가격은 3억 3000만 원이었어. 그런데 엄마, 아빠가 그만큼의 돈이 없어서 1억 3000만 원을 은행에서 빌리고, 나머지는 모아 두었던 돈을 보태서 집을 샀어. 그런데 이번에 팔 때는 4억 3000만 원을 받고 팔았어. 1억 정도의 돈을 벌게 된 거지. 그동안 은행에 돈을 빌린 대가로 이자를 2000만 원 정도 냈으니 이자를 빼고도 8000만 원 정도를 번 셈이야."

집은 우리가 일반적으로 구매하는 소비재와 달리 시간이 흐름에 따라 가치가 상승하는 '자산'의 개념이 포함되어 있다는 것을 아이들에게 대화로 쉽게 풀어서 이야기해 줍니다. 자동차와 비교해서 알려 줘도 좋습니다. 자동차의 경우에는 자산이기도 하지만 시간이 지나면 감가상각에 따라 자산 가치가 하락한다는 것을 알려 주어요.

보드게임으로 배우는 자본주의

아이들이 경제의 원리를 간접적으로 체험할 수 있는 보드게임을 소개합니다. '태토의 부자 되는 시간 경제 보드 게임'입니다.

이 게임은 자본주의의 원리를 잘 반영하고 있습니다. 게임을 통해 월급, 주식, 부동산, 지적재산권, 의료비와 의료보험카드, 자동차와 대중교통, 소비와 절약 등을 간접적으로 체험할 수 있습니다. 보드판에는 월급&배당, 아파트 매매, 절약, 학교, 자동차 매매, 건물 월세, 주식 거래, 마트, 특별승진, 주가 상승, 도서관, 주가 하락, 상가 매매, 주가 폭락, 부동산 대출, 로또 복권 당첨, 아파트 월세, 의료 보험, 건물 매매, 백화점, 주식 거래, 자동차 수리, 주가 상승, 휴직, 대중교통료, 부동산 경매, 정기 승진, 주가 폭등, 입원, 상가 월세 칸이 있습니다. 아이들 수준에서는 이해하기 힘든 용어임에도 불구하고 아이들은 게임을 몇 번 하다 보면 친숙하게 느낍니다. 그리고 각 용어의 의미를 자연스럽게 알게 되죠.

게임 판을 한두 바퀴 돌다 보면 우리가 일상생활에서 소득을 얻는 것, 돈을 소비하는 것, 얻은 소득으로 자산을 불리는 법까지 체득할 수 있습니다. 가장 인상 깊은 부분은 출발점을 지날 때 받는 월급이에요. 우리가 흔히 아는 부루마블 게임은 출발 칸을 지날 때마다 매번 같은 돈을 받습니다. 그런데 이 게임은 플레이어가 가진 주식, 지식에 따라서 월급을 달리 받습니다. 만약 주식이나 지식을 팔면 월급이 줄어들 수도 있고, 반대로 사면 월급을 더 많이 받습니다. 자본주의의 원리가 반영된 규칙입니다.

◆ 경제와 관련된 다양한 보드게임

인생게임	대학 입학부터 졸업 후 취업, 은퇴하기까지의 과정을 간접적으로 경험해 보는 게임. 모든 플레이어가 은퇴한 후 집, 액션/휴가 카드, 자녀 한 명당 받는 돈, 대출금 등을 정산함.
부루마블	세계 여러 나라에 있는 주요 도시의 땅을 구매하여 건물을 올리는 게임. 초등학교 2학년 교과 중 세계 여러 나라에 대해 배우는 단원과 연계됨.
모노폴리 클래식	부동산 투자 보드게임. K-부동산 확장팩으로는 우리나라의 부동산 제도를 접할 수 있음. K-청약 확장팩으로는 우리나라 청약 제도를 경험할 수 있음.
신비아파트 경제 보드게임	본문에서 소개한 태토의 부자 되는 시간 경제 보드게임과 유사함.
건물주마블	1000만 원~10억 원짜리 화폐까지 있어서 큰 화폐 단위를 경험할 수 있음. 초등학교 4학년 1학기 큰 수 단원과도 연계됨. 부동산 정책 카드, 대출 확인 카드를 통해서 실제 부동산 시장을 간접적으로 경험할 수 있음.
투자왕 포세일 (FOR SALE), 젬 트레이더	싼 가격에 사서 비싸게 파는 경매 보드게임. 투자왕 포세일은 부동산, 젬 트레이더는 보석 판매를 다룸.

책으로 배우는 자본주의

최근 들어 어린이 경제 교육 책들이 많이 나오고 있습니다. 아이들 용돈 관리부터 자본주의 전반을 다루는 책까지 아이들 수준에서 읽으면 도움이 될 책을 소개합니다. 경제 관련 도서의 용어가 어려워 읽기 힘든 부모도 아이와 함께 읽으면 경제 공부 기초를 다지기에 좋습니다.

◆ 경제 관련 추천도서

제목	저자	출판사
열두 살에 부자가 된 키라	보도 섀퍼	을파소(21세기북스)
레몬으로 돈 버는 법 1, 2	루이스 암스트롱	비룡소
세금 내는 아이들	옥효진	한국경제신문사
나도 세금 내는 아이가 될래요!	옥효진	청림Life
오늘은 용돈 받는 날	연유진	풀빛
용돈 받는 부자들	월터 안달	월북
열두 살 경제학교	권오상	카시오페아
미주부와 함께 주식으로 이해하는 어린이 경제	김훈, 클래스101키즈 공저	교보문고
와글와글 어린이 경제 수업	김세연	다림
맘마미아 어린이 경제왕	맘마미아, 이금희	진서원
또봉이 통장	박종기	주니어RHK

진짜 초콜릿, 가짜 초콜릿

초콜릿을 한 입 베어 물었는데, 입 안에서 잘 녹지 않고 뱅글뱅글 도는 느낌을 경험해 보신 적 있나요? 어릴 때 학교 앞 문구점에서 샀던 금박의 동전 모양 초콜릿이 그런 맛이었던 걸로 기억합니다. 사르르 녹는 달콤함을 기대하며 입에 넣었지만 입 안에서 녹지 않는 초콜릿, 차마 뱉을 수도 없고 먹을 수도 없어 난감했던 경험이 여러 번 있습니다. 그 이후로 아직도 초콜릿을 먹을 때는 약간의 경계심이 남아 있습니다. 알고 보니 아이들도 비슷한 경험이 있었습니다.

첫째 "어, 나도 가짜 초콜릿 먹어 본 적 있는데!"

엄마 "어땠어?"

첫째 "잘 안 녹고 맛이 없어."

엄마 "어떤 초콜릿이 맛있는 초콜릿일까?"

저와 비슷한 경험을 한 아이들과 함께 '진짜 초콜릿', '가짜 초콜릿'

을 구분하는 방법을 시작으로 초콜릿에 대해 자세히 공부해 보았습니다. 방법은 다음과 같아요.

① 책 읽고 요약하기

도서관에서 아이들과 책을 고르다가 초콜릿의 비밀을 알게 되었습니다. 《어디서 왔을까? 초콜릿》에 적힌 내용에 따르면, 초콜릿의 원재료인 카카오 함유량과 카카오버터의 유무가 중요합니다.

"우리 마트에 가서 이 책대로 한번 진짜 초콜릿 찾아볼까?"

아이들과 함께 마트, 유기농 상점에 가서 초콜릿을 몇 개 골랐습니다. 도서관에서 초콜릿과 관련된 책도 몇 권 더 빌려 왔습니다. 책을 펴 놓고 초콜릿 성분표를 비교해 보았습니다.

🧒 **첫째** "엄마, 마트에서 산 A 초콜릿은 팜유가 들어 있어."

🧒 **둘째** "엄마, 그런데 유기농 상점에서 산 B 초콜릿은 진짜 카카오버터가 들어 있네."

👩 **엄마** "우리, 좋은 초콜릿을 고르는 방법을 정리해 볼까?"

빌려 온 책을 읽고 아이들은 아이디어 공책에 좋은 초콜릿을 고르는 방법을 정리했습니다. 초콜릿의 재료 함량뿐만 아니라 공정무역, 유기농 상품인지도 따져 가며 거래 방식과 생산 방식이 올바른 초콜릿을 골라 정리했습니다. 그리고 앞서 이야기한 요소들을 기준으로 1등 초콜릿을 찾아보았습니다.

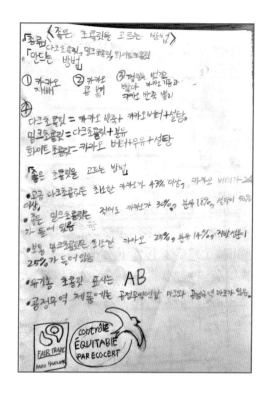

◆ 참고하기 좋은 책

제목	저자	출판사
어디서 왔을까? 초콜릿	조경규 글·그림	좋아해
초콜릿 한 조각의 기적	사토 기요타카 글, 주나이다 그림	웅진주니어
누가 초콜릿을 만들까?	이지유 글, 이해정 그림	창비
오무라이스 잼잼	조경규 글·그림	송송책방

② 표와 그래프로 나타내기

1등 초콜릿을 찾기 위해 아이들은 초콜릿 성분 함량을 표로 나타내며 더 자세히 비교했습니다. 표의 가로 칸에는 초콜릿 이름을 적어 넣고 세로 칸에는 카카오 함량, 카카오버터, 설탕, 분유 등을 적어 넣었어요.

첫째 "엄마, 이렇게 표로 정리하니까 한 눈에 알아보기가 어려워. 수학 시간에 배웠던 막대그래프로 그려 볼까?"

엄마 "응, 그거 좋은 생각이다!"

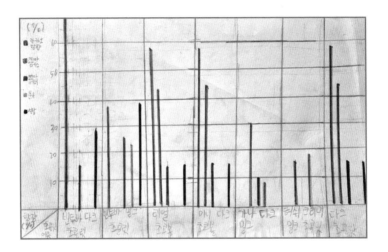

형의 아이디어에 동생은 수학 선행학습을 하게 되었습니다. 첫째가 그래프 틀을 그려 둘째에게 복사해 주었습니다. 데이터를 그래프에 표시해 넣는 것은 아직 수학 시간에 배우지 않았지만, 옆에서 조금 도와주니 둘째도 곧잘 해냈습니다.

첫째 "우와! 이거 정말 한 눈에 알아보기 쉽고 뿌듯하다. 그래프 아이디어 정말 잘 낸 것 같아."

둘째 "형! 나도 잘 그렸지? 이거 진짜 뿌듯하네."

아이들은 각 성분별로 막대그래프의 색깔을 다르게 했습니다. 여러 성분을 한 눈에 비교하기 쉽게 하기 위해서라고 말합니다. 아이들은 초콜릿 성분 함량 그래프를 그리고는 마치 초콜릿 전문가라도 된 것처럼 뿌듯해했습니다.

첫째 "근데 마트에서 산 두 초콜릿은 설탕 함량이 아예 안 적혀 있어. 정보가 없어서 그래프에도 표시를 못했는데, 마치 설탕이 없는 것처럼 보여. 초콜릿 회사에서 이런 정보를 다 표시하면 좋겠어."

엄마 "나중에 글을 적을 때 그런 내용을 포함하면 정말 좋은 내용이 되겠다."

③ 초콜릿 맛 비교하기

드디어 초콜릿을 시식할 차례입니다. 아이들이 손꼽아 기다렸던 시간이기도 하죠. 이 순간을 위해서 이렇게 아이들이 열심히 했는지도 모릅니다.

엄마 "어떤 순서로 맛을 보는 게 좋을까?"

첫째 "나는 이 순서로 맛보는 게 좋을 것 같아."

둘째 "형, 그건 아니지."

두 아이의 의견차가 있었어요.

엄마 "자, 애들아. 이렇게 무턱대고 자기 의견을 말하는 것보다는 논리적인 근거를 대서 이야기해야 상대방을 설득하기 쉽겠지?"

첫째 "수학적으로 카카오 함량이 높으면 다른 함량이 낮을 수밖에 없어. 카카오 함량이 높은 순으로 맛보는 게 좋을 것 같아."

둘째 "나는 생각이 달라! 설탕 함량이 낮은 순으로 먹는 게 좋을 것 같아."

결국 두 아이가 말한 두 가지 방법을 모두 이용해 시식을 해 보기로 했습니다. 먼저 첫째가 말한 대로 카카오 함량이 높은 순으로 시식을 했습니다.

첫째 "쓴맛과 단맛이 조화로워. 밀크초콜릿은 단맛이 더 강하게 느껴지고 뭔가 느끼한 느낌이 있어. 그리고 70퍼센트짜리와 58퍼센트짜리 다크초콜릿 두 개의 향이 달라."

엄마 "향이 왜 다를까? 뒤쪽에 있는 성분표를 잘 살펴봐."

첫째 "함량만 다르고 성분은 서로 다른 게 없는데? 아, 카카오 원산지가 다르네! 책에서 읽었는데, 원산지에 따라 맛과 향이 차이가 난다고 했었어. 원산지가 달라서 그런가 봐."

초콜릿 맛을 보면서 성분 함량과 향을 비교했습니다. 책의 내용이 살아 있는 지식으로 한 번 더 확인되는 순간입니다. 아이들은 각 초콜릿 맛의 차이점을 공책에 메모해 가며 신중하게 맛을 봤습니다.

④ 가격 비교하기

가격도 비교해 보면 좋겠다는 첫째의 제안에, 인터넷 검색을 통해 시중에 파는 초콜릿의 가격을 비교했습니다.

엄마 "그런데, 단순히 가격만 비교하면 될까? 초콜릿 크기도 양도 다른데?"

첫째 "초콜릿 무게인 그램 수가 적혀 있으니까 가격이랑 같이 비교하면 되지 않을까?"

엄마 "좋은 생각이네. 나누기를 배웠으니까 활용해 봐."

첫째 "맞아, 나누기를 활용하면 되는구나."

엄마 "계산이 복잡하니까 이번엔 특별히 계산기를 활용해도 좋아!"

첫째 "앗싸!"

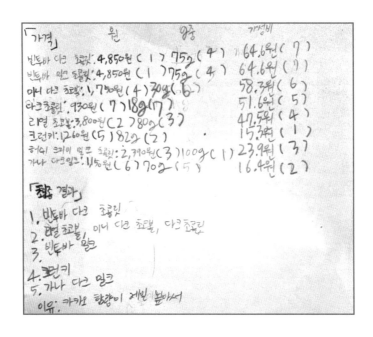

아이들은 계산기로 '가격÷중량'을 계산해 가성비 순서를 매기고, 지금까지 조사한 카카오 함량 성분이나 가격과 맛 등을 기준으로 1등 초콜릿을 찾아냈습니다.

⑤ 사회 문제로 확장하기

초콜릿과 관련된 사회적 이슈도 함께 살펴보았습니다. 먼저 '공정무역'의 개념을 쉽게 설명한 유튜브 영상을 찾아보았습니다. 그리고 초콜릿 포장도 함께 살펴봅니다. 매장 진열대에 놓여 있을 때 한 눈에 보이는 것은 초콜릿 포장이니, 어떤 것이 눈에 잘 띄는지도 이야기 나누어 보았습니다.

이 외에도 아이들과 초콜릿 전문점 운영을 직접 구상해 보는 활동을 해 볼 수도 있습니다. 가게의 이름을 정하고 그 상점에서 판매할 초콜릿을 정합니다. 포장 디자인을 그려 보고 제품의 가격도 책정해 볼 수 있어요. 초콜릿 전문점을 홍보할 방법도 생각해 봅니다.

////// 참고 영상 //////

- ○ 지식채널 e : 착한 초콜릿
- ○ 브레드 이발소 시즌2 : 초코의 면접, 초콜릿
- ○ 체인지유어초콜릿 : 카카오농장 아동 노동 사례와 공정무역 스토리 영상

아이들의 관심사인 음식에서 출발해, 초콜릿이라는 세부 분야에 대해서 더 깊이 있게 살펴볼 수 있었습니다. 먼저 관심 있는 책을 골랐고, 책 속의 지식을 실제로 적용해 보는 과정을 거쳤습니다. 직접 마트에 가서 초콜릿을 고른 다음, 배운 기준에 맞게 초콜릿 성분을 비교해 보았습니다. 1등 초콜릿을 스스로 찾아보기도 했어요.

이처럼 초콜릿 공부는 아이들의 흥미와 호기심, 의식의 흐름대로 흘러갔습니다. 생활 속에서 자연스럽게 이루어지는 배움이기 때문에 아이들은 학습이라고 여기지 않습니다. 억지로 시키는 교과 공부가 아니

니 엄마인 저로서도 부담이 적었어요. 특별히 아이의 성취도를 확인하지 않아도 되고, 틀린 문제를 다시 고치느라 실랑이를 벌일 일도 없습니다. 이런 경험이 나중에 쇼콜라티에(초콜릿을 만들거나 초콜릿을 이용한 디저트를 전문적으로 만드는 사람), 초콜릿 사업가, 광고기획자라는 진로로 연결될지도 모를 일입니다.

주제와 진로가 연결되지 않더라도, 관심사에 대해서 이렇게 깊이 있게 공부해 보는 경험을 통해 다른 관심사가 생겼을 때 공부하는 방법을 배우게 됩니다. 생활 속 관심사에 대한 탐구는 주변을 조금 더 성의 있고 깊이 있게 살펴보는 습관을 길러 줍니다. 저는 이것이 아이들의 관심사를 찾고 그것을 조금 더 날카롭게 만들어 가는 과정이라고 생각합니다. 이런 사소한 습관이 쌓여 아이의 결정적인 강점을 만들고, 남들과 차별화된 진로를 개척하는 힘을 키워 줄 거예요.

공부방 월세 계약서

어느 날, 오랜만에 친구에게 전화를 걸었는데 "안 좋은 일이 좀 있어서 나중에 전화할게"라는 답이 들려왔습니다. 무슨 일이 있는 것 같아 걱정이 되었지만 잘 해결되기를 바라며 기다렸습니다. 몇 달 후, 친구에게서 다시 전화가 왔습니다.

"나 이사했어. 그때 좀 힘든 일이 있었어. 전세로 살던 원룸이 경매에 넘어갔거든."
"전세금은?"
"집주인은 계속 돈이 없어서 못 준다고 하는데…. 소송해 봐야지."
"걱정 많이 되겠다. 잘 해결될 거야."

친구가 힘들게 일해서 어렵사리 모은 돈이기에 저도 걱정이 되었습니다. 이후 소송이 끝난 친구는 전세보증금 2000만 원 중 1500만 원만 돌려받게 되었다는 소식을 전해 왔습니다. 그런데, 이런 일은 생각보다 흔히 발생한다는 것을 알게 되었습니다. 같은 학교에 근무하던 선생님도 하마터면 '원룸 사기'의 피해자가 될 뻔했다는 이야기를 전해 왔어요.

대학생과 사회초년생들이 많이 이용하는 원룸 계약에서 이런 일이 종종 일어납니다. 부동산 문제는 학교를 졸업하고 사회에 나오게 되면 당장 겪게 되는 가장 현실적인 문제 중 하나입니다. 하지만 이 부분에 대한 학교 교육은 미흡하지요. 그래서 가정에서 꼭 가르쳐야 하고 특히 수능을 마친 고3 아이들에게는 꼭 알려 주어야 합니다. 대학생 혹은 사회초년생의 보증금은 힘들게 모은 전 재산이거나, 부모님께 어렵게 손 벌려서 받은 돈일 가능성이 높습니다. 초기 자금을 잃어버리면 경제적 타격이 더욱 크게 다가옵니다.

부동산에 처음 들어갈 때 느끼는 감정은 아마 모두 비슷할 거예요. 쭈뼛쭈뼛 부동산 문을 여는 것조차 부담스럽습니다. 용기를 내어 들어가더라도 분위기에 휩쓸려 궁금한 것을 시원하게 물어보지 못하는 경우도 많습니다. 옷 한 벌을 살 때도 이것저것 입어보고 사는데, 부동산 방문은 왠지 부담스러워서 여러 곳을 둘러보지도 않고 성급히 계약하기도 합니다. 거의 전 재산이 들어가는 일인데도요. 이처럼 부동산에 대한 지식이 부족하고 부동산 방문에 부담감만 느낀다면 실익을 챙기지 못하게 됩니다.

집은 사람이 살아가는 데 필수 요소인 의식주 중 한 가지입니다. 아이들이 지식 부족, 부동산 방문에 대한 부담감으로 아쉬움이 남는 선택을 하지 않도록 어려서부터 하나씩 경험할 수 있게 도와주려고 합니다. 마침 잠자리 독립을 시킬 때가 되어 아이들 방을 고를 일이 생겼습니다. 이번 기회에 스스로 살 집을 고르고 계약하는 과정을 미리 경험시켜 주고 싶었지요. 아이들이 자신의 공부방을 선택하는 과정에서 놀이처럼 접근해 '공부방 월세 계약서'를 작성해 보았습니다.

① 공부방 선택하기

엄마 "보여드릴 방이 세 개 있습니다. 월세가 조금씩 다른데요. 세 군데 다 보시겠어요?"

아이들 "네."

엄마 "첫 번째 방은 크기가 제일 큽니다. 가운데 방이고 남향이어서 따뜻하고요. 두 번째 방은 첫 번째 방이랑 크기는 비슷한데 붙박이장이 있어서 조금 작아 보이지요? 대신 물건을 수납하기 좋아요. 이 방도 마찬가지로 남향이라서 따뜻하지요. 다만 화장실 옆이어서 첫 번째 방보다는 시끄러울 수 있습니다. 마지막으로 세 번째 방인데요. 방이 좀 작아요. 그리고 북향이어서 여름에는 시원하다는 장점이 있고 겨울에는 조금 추워요. 대신 월세가 가장 저렴합니다."

아이들은 방을 비교해 가면서 자신의 공부방을 선택했습니다. 첫째는 1번 방, 둘째는 붙박이장이 달린 2번 방, 막내는 가장 월세가 저렴

한 3번 방을 선택했습니다. 1번 방과 2번 방의 월세는 1000원, 3번 방의 월세는 500원입니다. 기간을 정해 일정 기간 동안 아이들 용돈에서 월세를 내 보는 것도 좋은 경험이 될 것입니다. 크지 않은 금액으로 아이들과 함께 놀이 개념으로 익숙하게 접근해 볼 수 있고, 주거 비용에 대한 경제관념을 심어 줄 수 있습니다.

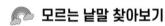

② 월세 계약서 작성하기

🌈 모르는 낱말 찾아보기

부동산 계약서는 어른들에게도 어려운 내용입니다. 용어가 낯설기 때문입니다. 아이들에게는 더 어렵겠지요. 그래서 꼭 필요한 단어를 아이들과 함께 미리 살펴보는 것이 좋습니다. 아이들에게 가르쳐 주기 위해 어려운 용어를 다시 찾아보면서 저도 제대로 알게 되었습니다.

🌈 등기부등본 보기

계약서를 작성하기 전에 등기부등본도 출력해서 아이들과 함께 살펴보았습니다. 마찬가지로 어려운 단어를 찾아보고 의미를 파악했어요. 등기부등본은 '대법원 인터넷 등기소' 사이트에서 출력할 수 있습니다. 회원가입 후 열람하고자 하는 주소를 입력한 다음, 700원의 수수료 결제 후에 열람 가능합니다. 등기부등본은 크게 세 가지 부분으로 나뉘어 있습니다. 표제부, 갑구, 을구입니다.

- 표제부 : 이 문서가 증명하는 부동산이 무슨 부동산인가?
- 갑구 : 이 부동산의 주인이 누구인가?
- 을구 : 이 부동산에 얽힌 권리 관계가 있는가? (대출, 임차보증금)

아이들과 등기부등본의 세 가지 부분을 함께 살펴봅니다. 아이들이 이해하기 쉽지 않은 개념이겠지만 표제부는 어떤 부동산인지, 갑구는 집주인이 누구인지, 을구는 대출이나 전세를 사는 사람이 없는지 나타내는 것이라고 이야기해 주었습니다.

🌈 계약서 작성하기

"월세 계약서를 작성하셔야 합니다. 도장이나 사인, 첫 달 월세를 준비해 주세요. 계약일은 이번 주 토요일 저녁 7시입니다."

실제 부동산에서 계약서를 쓰는 것처럼 계약서, 신분증, 도장을 준비하고 등기부등본도 출력해 줍니다.

엄마 "먼저 등기부등본을 보여 드리겠습니다. 등기부등본은 집주인이 누구인지, 집에 대출은 없는지 살펴볼 수 있는 자료입니다. 집주인의 이름도 있지요. 신분증에 있는 정보랑 비교해 보세요. 똑같나요?"

아이들 "네. 똑같아요."

엄마 "여기 보시면 A 은행에서 받은 대출이 이 정도네요. 대출금과 월세 보증금을 합해서 지금 집값과 비교해 봐야 합니다. 대출금과 월세 보증금을 합한 금액과 집값 중에 어느 것이 더 커야 할까요?"

아이들 "글쎄, 어려운데요."

엄마 "집주인이 집을 살 때 은행에서 돈을 빌렸어요. 그 돈을 아직 다 갚지 않았으니 집을 팔아서 돈을 받으면 제일 먼저 은행에서 빌린 돈, 대출금을 갚아야 해요. 그리고 남은 돈에서 월세 보증금을 받아야 해요.

아이들 "그러면 대출금이랑 보증금을 합한 돈보다 집값이 더 비싸야 할 것 같아요."

엄마 "맞아요. 집값이 더 비싸야 은행에 대출금을 갚고도 보증금을 돌려 줄 돈이 남겠죠? 그렇지만 나라에서는 집주인보다 월세 사는 사람을 더 경제적 약자로 보고 보호하기 위한 법을 만들어 놓았어요. 적은 금액의 월세 보증금은 은행 대출금을 갚기 전에 먼저 받을 수 있도록."

아이들 "아!"

엄마 "그럼 네이버 부동산 앱을 켜서 현재 이 집 시세를 알아볼게요."

아이들 "4억 원이네요."

엄마 "대출이랑 보증금 합한 것보다 집값이 더 비싼가요?"

아이들 "네."

엄마 "확인하셨으면 이제 월세 계약서를 작성해 보겠습니다."

인터넷에 검색해 보면 다양한 월세 계약서 양식을 찾을 수 있습니다. 몇 개의 양식을 참고해서 아이들 수준에 맞게 조금 수정한 뒤, 아이들과 계약서를 함께 읽고 계약 사항을 확인한 후에 사인을 했습니다. 일반 부동산 계약처럼 2년마다 해 본다면 아이들은 부동산 계약을 점점 더 익숙하게 느낄 거예요. 이후 실제 계약을 할 때 주의를 기울여야 할 중요한 부분에 대해서 확실히 익히게 될 것입니다.

우리가 살아가는데 꼭 필요한 '의식주'에 관한 학교 교육을 생각해 볼까요? 옷이나 음식에 대한 지식은 교육과정에 나와 있습니다. 집에 대한 것도 일부 배우기는 합니다. 그런데 내가 살 집을 어떻게 구해야 하는지, 집을 빌리거나 사는 방법에는 어떤 것이 있는지, 어느 정도의 돈이 필요한지 등과 같은 현실적인 내용은 배우지 않습니다. 따라서 아이가 독립하기 전에 가정에서 꼭 가르쳐야 할 필수적인 내용입니다.

이처럼 주거에도 비용이 든다는 사실을 아는 것과 모르는 것은 아이 스스로 미래를 계획하는 데 큰 차이를 낳습니다. 엄마, 아빠와 함께 사는 동안 아이들은 주거 비용에 대한 생각을 하지 못합니다. 하지만 이런 경험을 통해서 주거 비용 또한 생활에서 꼭 필요한 부분이라는 것을 알게 된다면 자신의 미래에 대한 주도성과 책임감을 더욱 갖게 되겠지요. 삶에 대한 태도가 달라질 것이라고 생각합니다.

본 부동산에 대하여 임대인과 임차인은 다음과 같이 합의하여 임대차계약을 체결한다.

1. 소재지	시·도 시·군·구 읍·면·동
임대할 부분	동 호 방 번호
2. 계약내용	제1조 위 부동산의 월세 계약에 있어서 임차인은 월세를 아래와 같이 지불하기로 한다.
월 세	金 (₩)원정은 매월 일(선불) 지불한다.

제2조(임대차 기간) 임대인은 위 공부방을 임대 목적으로 사용할 수 있는 상태로 하여   년   월   일부터   년   월   일 까지 (   )개월 동안 임대한다.

제4조(임차주택의 사용) 임차인은 임대인의 동의 없이 위 부동산의 용도나 구조를 변경하거나 전대 또는 담보제공을 하지 못하며 임대차목적 이외 용도에 사용할 수 없다.

제5조(계약의 해지) 임차인이 임대인에게 중도금(중도금이 없을 때는 잔금)을 지불하기 전까지는 임대인은 계약금의 배액을 상환하고, 임차인은 계약금을 포기하고 이 계약을 해제할 수 있다.

제9조(계약의 종료) 임대차계약이 종료한 경우 임차인은 위 부동산을 원상으로 회복하여 임대인에게 반환하며, 임대인은 보증금을 임차인에게 반환한다.

〈특약사항〉

1. 현재 시설 상태의 계약임.
2. 월세는 (₩   )이며, 선불로 지급한다.
3. 계약일 현재 등기사항증명서상 대출이 없는 상태임.
4. 임차인은 주요 부분 파손 및 손상은 원상 복구한다.
5. 기타 표시되지 않은 사항은 민법 임대차보호법 및 부동산 임대차 계약 일반 관례에 따르기로 한다.
6. 월세는   은행 xxxx-xxx-xxxx 예금주 ○○○으로 입금하기로 한다.

본 계약에 대하여 계약 당사자는 이의 없음을 확인하고 각자 서명 또는 날인 후 임대인, 임차인이 각 1통씩 보관한다.

년   월   일

임대인	주소				印
	주민등록번호		전화	성명	
임차인	주소				印
	주민등록번호		전화	성명	

6장

태도편 :
관심사를
강점으로
만드는 힘

약점이 아닌 **강점을** 보는 눈

"영어랑 수학 학원 어디 보내?"

"아직 안 보내고 있어요. 요즘 학원을 보내볼까 고민이긴 해요."

"학원 안 보내면 집에서 잘돼?"

"학원만큼 꾸준하게 잘되지는 않죠."

"불안하지 않아? 사실 나는 안 보내자니 내가 불안해서 보내는 것
도 큰 것 같아."

"저도 불안한 마음이 없는 건 아니에요. 마음이 오락가락해요."

"나는 다른 수업 더 넣고 싶은데 시간이 없네. 아이가 조금 부족한
부분은 더 채워 주고 싶어. 논술도 좀 시키고 싶고. 글쓰기가 참 안
되더라고. 수영도 보내고 싶은데….."

동네 엄마들과 아이의 학원, 공부 이야기를 하다 보면 공통점을 발
견할 수 있습니다. 엄마들은 아이의 약점을 채워 주고 싶어 합니다. 학
교에서 학부모 상담을 할 때도 마찬가지입니다.

"선생님, 저희 아이가 과학은 좋아하고 잘하는데 사회 과목에는 영 관심이 없어요. 어떻게 하면 좋을까요?"

"저희 아이 부족한 부분은 없나요?"

학부모 상담 때, 저는 아이들의 강점을 주로 이야기해 줍니다. 만약 가정에서도 꼭 함께 지도해야 하는 약점이 있는 경우에만 아이가 노력할 점을 말씀드리지요. 누구에게나 약점은 있고, 아이가 커 가면서 자연스럽게 개선되기도 하기 때문입니다. 그런데, 학부모들은 대개 아이의 강점을 강화할 방법보다는 아이의 약점을 보완할 방법을 더 궁금해합니다. 특히 과목별 성적의 경우, 많은 부모가 약점에 더 집중합니다. '대입'이라는 큰 관문을 통과하기 위해서는 최대한 부족한 부분을 끌어올려서 과목별 성적을 상향평준화 시켜야 하므로, 이런 현상이 당연하기도 합니다.

아이가 어릴 때는 잘하는 것만 보였습니다. 밥 잘 먹는 것, 잠 잘 자는 것, 잘 걷는 것, 잘 웃는 것, 매일 아침 규칙적으로 대변을 누는 것조차 기특하게 여깁니다. 한글을 읽기 시작하면 '우리 아이가 천재는 아닐까?' 하는 착각에 빠지기도 하죠. 그런데 아이가 학교에 입학하면 우리는 점점 아이들의 약점을 찾아내기 시작합니다. 왜 이렇게 변하는 걸까요?

이는 인간의 뇌 구조상 당연한 현상이라고 합니다. 뇌의 '부정적 편향' 때문인데요. 우리 뇌는 원래 긍정적인 측면보다 부정적인 측면에 더 집중하게 되어 있습니다. 무의식적으로 긍정적인 것보다 부정적인 것에 더 먼저 반응한다고 하니, 우리는 강점을 발견하는 것보다 약점을 발견하는 데 더 익숙한 것이지요. 아이를 양육할 때는 부정적 편향으로 인해 '있는 그대로의 아이'를 보지 못할 수 있습니다.

《똑똑한 엄마는 강점스위치를 켠다》의 저자 리 워터스는 약점에 반응하려는 순간 잠시 멈추고 강점으로 스위치를 전환하라고 말합니다. 예를 들어 퇴근 후 집에 돌아왔을 때, 아이가 자전거를 어질러 놓았다면 잔소리를 해도 상황 변화에 도움이 되지 않습니다. 그 대신 아이가 싱크대 옆에 도시락을 풀어 둔 것에 대해 칭찬하고 고마워하면서 정리 기술이 갈수록 좋아지고 있다고 말하라고 제안하지요. 그리고 그 후에 자전거를 제자리에 갖다 놓고 앞으로도 그래야 한다는 사실을 기억해 주면 좋겠다고 차분하게 말하면 진짜로 아이의 행동이 개선된다고 해요. 부정적인 에너지에 집중하던 것을 긍정적인 에너지로 완전히 전환시켜 주는 것이죠.

그런데 사실 이게 어렵습니다. 육체적으로 피곤하거나 마음이 좋지 못한 날에는 더 쉽지 않아요. 그래서 생각해 낸 것이 잠시 멈추고 '강점 스위치를 켠다'라고 전환하는 거예요.

우리도 아이의 강점을 발견하는 데 이 논리를 적용해 보면 어떨까요? 약점에 집중하면 강점이 약점에 가려져 버립니다. 강점은 당연하게 생각하기 쉽고, 때로는 사소한 것이라고 치부해 버리기도 합니다. 반대로 약점에 대해서는 심각하게 고민합니다. 약점을 보완할 방법을 이리저리 생각하고 궁리합니다. 그러니 약점은 더 크게 확대될 수밖에 없지요.

이제는 강점을 어떻게 키워 줄지에 대해 고민해 보세요. 아주 사소한 것이라도 아이의 강점을 발견해 보는 거예요. 학급에서 매일 말썽을 부리는 아이도 강점을 가지고 있습니다. 누구에게나 강점이 있어요.

어느 학급이든 유난히 떠드는 아이가 있어요. 그런 아이는 목소리가 큽니다. 자기 의견을 잘 말하지요. 수업 시간에 떠드는 것은 약점이지만, 반대로 자기의 의견을 잘 말한다는 관점으로 보면 강점이 될 수 있습니다. 저희 둘째는 아기 때 울음소리가 유난히 컸어요. 너무 울음소리가 커서 한번 울기 시작하면 주변 사람들의 정신이 혼미해졌습니다. 아무것도 할 수가 없어요. 차로 이동할 일이 생기면 겁부터 났습니다. 차 안은 좁은데, 그 좁은 공간에서 목청껏 우는 소리를 듣고 있으면 안전마저 걱정되었어요. 이때, 강점 스위치를 켜면 어떻게 생각할 수 있을까요?

"애는 울림통이 남다르구나. 노래를 시켜 보면 잘하겠는데? 성악가가 되려나, 성우가 되려나?"

만약 강점 스위치를 켜지 않았다면 '애는 왜 이렇게 유별나게 울까?'라고만 생각했겠지요. 실제로 둘째는 여전히 목소리가 크고 울림

통도 좋습니다. 실감 나게 여러 가지 소리를 잘 흉내 냅니다. 아이의 강점이죠.

아이의 사소한 강점이라도 좋습니다. 사소한 것이면 어떻습니까? 우리 아이들은 아직 무한한 가능성을 가진 어린아이들인걸요. 사소한 강점들이 모여서 어떤 확실한 강점이 될지 아직 아무도 모릅니다. 약점에 집중하는 것보다는 작은 강점이라도 발견하고 그것을 다독여 주면서 발전시켜 나간다면 우리 아이들에게 훨씬 더 도움이 되지 않을까 생각합니다. 그러려면 사소한 것도 강점으로 인식할 수 있는 눈이 필요하겠지요. 아이를 긍정의 관점으로 바라보려는 노력이 바탕이 되어야 합니다. 부모가 사소한 것도 강점으로 여겨 준다면 아이들도 스스로 강점이 많은 사람이라 생각하게 되고 자기 자신을 바라보는 관점이 바뀝니다. 아이는 긍정적인 자아를 갖게 되고, 높은 자존감은 자연스럽게 따라오겠지요. 펜실베이니아 대학교 심리학과 교수이자 긍정심리학의 창시자인 마틴 셀리그먼Martin E.P. Seligman은 "대표 강점을 개발하고 활용하는 것은 삶에서 최고의 성공과 가장 깊은 감정적 만족을 가져다 준다"라고 했습니다. 아이의 강점을 찾아 주는 것은 성공과 행복에도 꼭 필요한 일입니다.

한 발짝 물러나 주세요

"이번 글짓기 대회에 참여해 볼 친구 있나요?"

"엄마한테 물어보고 해도 돼요?"

학급 아이들에게 학교 행사에 참여할지 물어보면 아이들은 스스로 결정을 잘 못합니다. 엄마에게 허락부터 받으려는 아이들이 많아요. 학원 스케줄이 바쁘다 보니 시간을 내기 어렵겠다 싶어 공감이 가면서도, 학교를 다니는 것은 아이들인데 행사에 참여할지 말지를 부모님께 물어봐야 한다니 어쩐지 '주객이 전도되었다'는 생각이 듭니다. 저학년뿐 아니라 고학년에서도 심심치 않게 볼 수 있는 일입니다. 어려서부터 아이가 결정권을 가지고 자신의 일을 스스로 결정해 본 경험이 많지 않았을 가능성이 높습니다.

반대로 무엇이든 스스로 결정하는 아이들이 있습니다. 이런 아이들은 학교 행사에 참여할 때도 마음가짐이 다릅니다. 훨씬 더 적극적이죠. 적극적이니 성취도 높습니다. 자기 주도적으로 결정하고 행동하는 태도의 힘입니다.

첫째 "엄마, 방과후학교 신청 뭐 할까?"

엄마 "뭐 하고 싶어?"

첫째 "줄넘기랑 캘리그래피하고 싶어."

아이가 방과후학교 신청서를 가지고 왔습니다. 한 학기동안 참여할 프로그램을 고민하는 시간은 음식점에서 메뉴판을 보고 음식을 고르는 것처럼 아이들에게 참 설레는 시간입니다. 그런데 엄마 마음에는 이미 미술 수업을 일주일에 두 번씩 가고 있으니 캘리그래피는 하지 않았으면 하는 생각이 들었습니다. 학년이 올라가니 학교 마치는 시간도 늦어지고 스케줄이 빡빡해져서 아이의 여유 시간이 많이 줄었기 때문입니다. 그렇지만 아이에게는 내색하지 않았습니다. 방과후학교 수업을 듣는 건 제가 아니라 아이니 아이의 의견을 존중해 주었어요. 아이는 1년 동안 캘리그래피 수업을 열심히 들었습니다. 학년이 올라가자, 아이가 먼저 말을 꺼냈습니다.

"엄마, 시간이 부족해서 캘리그래피 수업 안 해도 미술 수업으로 충분할 것 같아."

아이 스스로 시간 계획을 생각하면서 수업을 정리했어요. 만약 제가 먼저 캘리그래피 수업을 못 듣게 했더라면 아마 미련이 남았을지도 모릅니다.

아이의 학년이 올라갈수록 시간은 부족해지고, 엄마 마음에 가르치고 싶은 것들은 늘어납니다. 영어는 기본이고 수학도 다들 선행학습을 한다고 하니 뒤처지지 않으려면 선행학습을 하는 학원에 보내야 할 것 같습니다. 요즘 글쓰기가 중요하다고 하는데, 내 아이가 쓴 글은 어쩐지 부족해 보입니다. 빨리 논술학원에도 등록하고 싶어지지요. 아이의 하교 후 시간을 학원 시간표로 채우기 바쁩니다. 부모는 부족한 부분, 필요한 부분을 채워 아이의 실력을 상향평준화할 '가장 효율적인 시간표'를 만들기 위해 노력합니다. 하지만 부모의 입장에서 가장 효율적인 시간표가 아이 입장에서는 가장 비효율적인 시간표가 될수도 있습니다.

"수학 수업이 필요한 것 같니?"

"논술 수업 들어 보는 건 어때?"

아이와 함께 의논을 하는 과정을 거쳐야 합니다. 수업을 듣는 것은 결국 아이니까요. 아이의 학습 동기와 의지가 없다면 실속은 없을 가능성이 높습니다. 가방만 들고 왔다 갔다 하면 소위 '학원에 전기세 내러 다니는 아이'가 될 수 있습니다. 새로운 수업을 시작하기 전에 아이의 의사를 꼭 물어보고 존중해 주세요. 아이가 먼저 손을 내밀 때까지 기다렸다가 아이가 원할 때 부모가 도와주는 것도 방법입니다. 아이를 잘 관찰하다 보면 도움이 필요할 때가 있습니다.

둘째 아이는 평소 운동량이 적었고, 저는 아이가 운동을 하나쯤 배웠으면 좋겠다고 생각했습니다. 한두 번 권해 봤지만 별로 관심을 보이지 않아 내버려 두었어요. 그런데 어느 날 둘째가 저에게 와서 "엄마, 나도 방과후학교 리듬 줄넘기 할래"라고 말했습니다.

가끔 집 앞에서 줄넘기 연습을 하던 아이였지만, 유독 줄넘기에는 자신감이 부족했습니다. 하지만 시간이 흘러 조금씩 줄넘기에 익숙해지면서 저절로 배움의 동기가 생긴 거예요. 저는 이 기회를 놓치지 않고 바로 방과후학교 프로그램을 신청해 주었습니다.

"엄마, 초등학생은 어떻게 돈을 벌 수 있어?"

첫째는 아빠가 보는 경제 유튜브를 어깨너머로 듣다가 경제 공부에 관심을 갖기 시작했습니다. 경제에 관심을 갖기 시작한 아이에게 《나도 세금 내는 아이가 될래요!》라는 책을 추천해 주었습니다. 아이 스스로 '돈에 대해 알고 싶다'는 동기가 있으니 재미있게 책을 읽었습니다. 경제 공부를 '학습'으로 여기지 않아요. 아이는 우리 가족이 돈을 벌고 쓰는 일에 대해 적극적인 관심을 가지게 되었고, 본인의 용돈도 용돈기입장으로 관리하게 되었습니다. 책을 읽으며 습득한 경제 용어에 대해 자연스럽게 아빠와 이야기를 나누기도 합니다. 아빠가 보는 유튜브에 책에서 본 단어가 나올 때는 아는 척도 합니다.

아이는 이 과정을 배움의 욕구를 채우는 과정으로 생각하게 됩니다.

만약 제가 먼저 나서서 4학년 2학기 사회 교과서에 경제와 관련된 단원이 나오니,《나도 세금 내는 아이가 될래요!》를 읽어 보라고 했다면 어땠을까요? 아마 마지못해 책 한 권을 겨우 읽는 데 그쳤을 거예요.

이렇게 아이가 좋아할 만한 것을 찾아 아이에게 권유해 볼 수 있습니다. 아이에게 꼭 필요하지만 아이가 흥미를 보이지 않는 분야는 '동기 부여를 어떻게 할 것인가?'를 적극적으로 고민하면 좋겠습니다. 의도적으로 동기를 부여할지라도 그 후에 아이에게 선택권을 주면 그 일을 대하는 아이의 태도가 달라집니다. 결국 선택은 아이가 하게 해야 합니다.

아이가 호기심이 생겨 배움에 대한 갈증을 느낄 때가 가끔 있습니다. 정말 감사하고 중요한 순간이죠. 이때를 놓치지 않고 도움이 될 만한 책과 자료, 수업, 체험 활동을 찾아서 적극적으로 도와주세요. 어릴 때부터 강점 집공부를 하면서 쭉 그렇게 해 오다 보니 어느새 아이들과의 신뢰가 쌓여 갑니다.

'궁금한 것이 생기고, 공부하고 싶은 것이 생기면 부모님이 마음을 다해 정성껏 도움을 준다.'

저는 아이들이 성장해 나가는 데 한 걸음 뒤에서 도움을 주려고 노력합니다. 항상 아이의 걸음보다 엄마인 제 걸음이 앞서 나가지는 않는지 고민합니다. 저도 다른 집 아이의 이야기를 듣고 온 날에는 아이보다 한 걸음 먼저 나서서 아이의 팔을 잡아당기고 있을 때가 있습니다. 그럴 때는 꼭 문제가 생겨요. 아이도 힘들고, 끌고 가는 엄마인 저는 더 힘들지요. 서로 지치기만 할 뿐, 성과는 의문스러울 때가 많습니다.

이제는 한 걸음 뒤로 물러서서 엄마인 저는 저의 길을 가려고 합니다. 이렇게 글을 쓰면서, 또 이것저것 목표한 일을 해 나가면서요. 아이가 도움의 손길을 요청하거나 제가 여유가 생길 때 한 번씩 고개를 들어 보려고요. 먼저 앞서 가고 있는 아이를 바라봐 주고, 아이가 힘들어 뒤를 돌아볼 때는 손을 잡아 주려고 합니다. 아이도 앞으로 걸어가다 한 번씩 뒤를 돌아보았을 때, 엄마가 해바라기처럼 자기만 바라보는 모습 대신 엄마의 일을 열심히 하고 있는 모습을 보면서 또 배우는 것이 있을 것이라고 생각합니다. 그렇게 아이가 앞서고 저는 한 걸음 뒤에서 따라가면서 서로 함께 성장해 가고 싶습니다.

옆집 엄마와 거리두기

아이의 또래 엄마들을 만나 학원 이야기를 듣고 나면 저도 마음이 복잡해집니다. 영어, 수학 학원을 보내지 않고 있다 보니 다른 엄마들은 제가 소신이 뚜렷하다고 말합니다. 하지만 저도 가끔은 불안하기도 하고 다시 또 마음을 다잡기도 하면서 갈팡질팡합니다. 단적인 예로, 아이와 같은 학년인 이웃집 아이가 영어 최고 레벨반으로 가게 되었다는 이야기를 듣고 저도 모르게 영어 학원 테스트 예약을 잡고 있었으니까요.

아이가 속한 반에서는 수학 교과서의 한 단원이 끝날 때마다 단원평가를 진행합니다. 단원평가가 꼭 아이의 실력을 대변하는 것도 아닌데 점수가 낮을 때는 마음이 부글부글 끓어요. 제가 가르치는 반 아이들도 마찬가지로 단원평가를 봅니다. 저는 채점한 시험지를 나눠주면서 부모님들께 다음과 같은 부탁의 말씀을 드립니다. "단원평가 점수에 너무 집중하지 않으셨으면 합니다. 한 단원을 마치면서 아이가 무엇을 알고 있고, 무엇을 모르고 있는지 확인해 보는 정도로만 생각해 주세요." 중이 제 머리 못 깎는다고, 그렇게 말하는 저도 다른 부모들처럼 똑같이 단원평가로 아이를 들볶는 거죠. 실수로 문제를 비워 뒀거나 기본 개념을 묻는 문제를 틀려 오면 반사적으로 잔소리가 나옵니다. 그리고는 끝에 슬쩍 물어봅니다.

"친구들은 문제 어렵지 않았대? 100점 맞은 친구 있어?"

반 친구들과 비교해 봐야 아무 의미 없다는 것을 압니다. 그리고 '이 정도 문제면 반 아이들이 어느 정도 점수가 나왔겠다'라는 느낌이 오는데도 어리석게 또 아이에게 묻고 있습니다. 하지만 아이는 엄마와 달리 다른 친구들의 점수에 관심이 없어요. 이러다가 아이를 '비교 지옥'에 빠뜨리겠다는 생각이 들어 정신이 번쩍 들었습니다. 공부 자체보다 경쟁이 더 힘들었던 저의 경험을 떠올리면서 그 이후로는 반 친구들의 점수 이야기는 꺼내지 않았습니다. 그리고 아이에게 한 수 배웠습니다. '친구들 점수는 무심하게, 내가 틀린 것은 다시 고쳐 보기.'

옆집 아이와 비교하는 순간, 강점 집공부의 동력을 잃게 됩니다. 불안감이 생기고, 다수의 사람들이 가고 있는 길을 따라가면서 불안감을 해소하고 싶어져요. 〈최강 1교시〉라는 강연 프로그램에서 인지심리학자 김경일 교수는 인간이 가장 싫어하는 것이 '불안'이라고 말합니다. 이미 불안한 상태에서 느끼는 감정은 두 배, 세 배, 심지어 열 배까지 더 커질 수 있습니다. 또한 모호하고 불확실할 때 불안은 더 커진다고 합니다. 그러니 옆집 아이 이야기를 듣고 온 날에는 괜한 것으로 아이에게 화를 냅니다. 옆집 아이와 비교하여 불안감이 생긴 상태에서 아이가 빈둥대는 모습을 보면 평소보다 더 크게 화를 내게 되는 셈이지요.

인간은 확실한 것을 선호합니다. 다른 집 아이와 비교했을 때 확실하게 우위가 드러나지 않는 '아이의 관심사'보다는 비교 우위가 확실한 '성적'을 따라가는 편을 더 선호하지요. 강점 집공부에는 레벨 테스트도 없고, 실력을 확인할 수 있는 객관적인 수치도 없기 때문입니다. 그러니 주변 엄마들이 학원 레벨, 점수처럼 눈에 보이는 잣대로 이야기하기 시작하면 한없이 작아집니다. 정말 잘하고 있는 것인지, 내가 가는 길이 맞는 것인지 자꾸 의심하게 됩니다. 확신이 약해지고 마음이 흔들려요. 남들처럼 선행학습도 시키고 레벨 테스트도 보러 다녀야 할 것만 같습니다. 하지만 수치화할 수 없는 중요한 것들이 드러날 때는 다시 힘을 내 봅니다.

"초록이는 무슨 수업이든 즐겁게 참여해요."

학부모 상담 때 아이의 담임 선생님께서 해 주신 말씀입니다. 아이의 학습 동기가 살아 있는 것이죠. 사실 어떤 공부를 하더라도 아이의 동기가 가장 중요합니다. 할 마음이 생겨야 하게 되고, 그래야 잘할 수 있지요. 지금까지 배운 것보다 앞으로 해 나가야 할 것들이 더 많은 아이들에게 학습 동기가 있다는 것은 큰 강점입니다. 당장 시험 점수를 잘 받는 것보다 더 중요합니다. 그렇지만 부모가 마음을 단단히 먹지 않으면 '학습 동기'라는 강점보다 눈에 보이는 '레벨'을 위해 시간과 노력을 쏟게 됩니다. 수치화할 수 있는 결과보다 더 중요한 것을 놓치기 쉽죠. 불안하기 때문입니다.

김경일 교수는 비교를 하다 보면 '어떻게 해야 뒤처지지 않는지'에 치중하다 보니, '무엇을 좋아하는지' 모르게 된다고 합니다.

"우리 한국 사람들이 굉장히 오랜 시간동안 좁은 땅덩어리에서 많은 사람들끼리 지내면서, 다른 사람들을 많이 보면서 살아가죠. 그래서 비교에 굉장히 민감합니다. 나는 몇 평짜리 아파트에 살고, 그 사람은 몇 평짜리 아파트에 살며, 내 자동차 배기량이 몇 시시(cc)고 그 사람 건 몇 시시고. (…) 남들과의 비교에서 우위에 있으려고 살아갑니다. 그 과정에서 내가 무엇을 좋아하는 사람인지를 모르고 살아갑니다. 재보다는 더 뛰어난, 평균적인 사람보다는 더 우수한, 일반적인 사람들보다는 더 많이 가진 사람이 되기 위해서, 내 가족을 그런 평균적인 사람들보다 떨어뜨리지 않기 위해서 부모님은 부모님대로, 자녀는 자녀대로 열심히 일하시고 공부하는 과정에서 나는 무엇을 좋아하는 사람인가를 모르게 된 겁니다. (…) 내가 무엇을 좋아하는가를 알아 가는 것은 이 세상에서 가장 저렴하고 효율적으로 나를 행복하게 만드는 방법이고, 만족하게 만드는 방법입니다."

비교를 하다보면 '성적'에만 집중하게 되고 아이가 좋아하는 것이 무엇인지를 찾는 데 소홀해집니다. 아이가 좋아하는 일에 시간을 쏟는 것은 낭비로 여기고, 다른 아이들보다 성적이 뒤처지지 않기 위해 하는 공부는 생산적인 일이라고 생각하는 것이죠. 그러니 다른 사람과 비교하기 시작하면 강점을 찾기가 어려워집니다. 하지만 아이가 좋아하는 것을 쫓아가는 강점 집공부는 아이의 행복에 다가가는 확실한 공부 방법입니다.

저는 마음을 다스리기 위해 다른 엄마들과 거리 두기를 실천하고 있습니다. 아이의 성적, 공부, 학원 정보 수집용 대인 관계에 따로 노력하지 않습니다. 동네 엄마들과 개인적인 만남은 꼭 필요할 때만 가집니다. 《초등 자존감 수업》에서 아이 친구 엄마들과의 관계는 사돈 관계처럼 하라는 말을 항상 마음에 새깁니다.

'아이의 관계가 우선이다. 엄마 친구는 엄마 친구고, 아이 친구는 아이 친구일 뿐.'

불안한 엄마의 마음은 아이들도 잘 알아차립니다. 엄마의 학습에 대한 불안이 아이에게 전염됩니다. 불안은 대부분 비교로부터 생겨나죠. 내 아이만을 바라보면서 아이의 성장과 행복을 목표로 한다면 불안감을 많이 낮출 수 있습니다. 아이가 다른 사람과 스스로를 비교하지 않도록 엄마인 저부터 먼저 실천하려고 노력합니다.

'아이가 지난달보다, 지난 학기보다 얼마나 성장했나?'

'엄마인 내가 지난달보다, 지난 학기보다 얼마나 성장했나?'

'아이와 내가 행복한가?'

아이들과 함께 이야기 나누며 경쟁보다 아이의 성장과 행복에 초점을 맞추어 봅니다.

실패 이력서

첫째와 둘째가 함께 로봇과학 부품으로 로봇을 만들고 있었습니다. 두 시간가량 꼬박 집중해서 만들었지만, 뜻대로 잘되지 않았나 봅니다. 다 만들고 나서 건전지를 넣고 연결해 보니 움직이지 않는다는 겁니다.

첫째 "시간만 버렸어! 아, 로봇 만들지 말고 숙제를 했으면 벌써 다 했을 텐데. 시간이 너무 아까워. 시간 엄청 들여서 만들었는데 잘되지도 않고."

엄마 "속상하지? 그래도 뭐 어때? 만드는 동안은 즐거웠잖아. 실패할 수도 있지."

온 정성을 쏟아 만든 로봇이 제대로 작동이 되지 않아 아이 둘 모두 실망이 컸습니다. 어른뿐만 아니라, 아이들도 일상에서 소소한 실패를 경험합니다. 실패를 했을 때 기분이 좋은 사람은 없죠. 아이들도 실패한 것에 대해서 속상해합니다. 사실 엄마 마음도 편치 않아요. 해야 할 숙제도 하지 않고 로봇에 빠져 있는 아이들의 모습이 예뻐 보이지만은 않습니다. 할 일부터 하고 놀면 얼마나 좋을까요?

해야 할 숙제를 제쳐 놓고 로봇을 실컷 만들었는데 시간 낭비만 한 것 같다고 아이가 속상해하며 하소연합니다. 제 컨디션이 좋지 않은 날이었다면 아이에게 한마디 했겠지만, 다행히 이 날은 컨디션이 좋았어요. 아이들의 실패를 다독여 줄 마음의 여유가 있는 날이었지요. 이런 날에는 마음먹고 이야기를 나눕니다.

엄마 "속상했지? 그래도 엄마가 여러 번 실패해 보니 실패가 꼭 나쁜 건 아니었어. 다음번에 다른 로봇을 만들 때 도움이 되는 부분도 분명 있을 거야. 엄마도 요리하다가 실패해서 음식을 버리기도 했는데, 나중에 다른 요리를 할 때 도움이 된 적이 있었거든. 로봇이 움직이지 않았지만, 로봇을 만드는 동안 너희들이 고민하고 생각한 시간은 분명 도움이 됐을 거야. 생각하는 힘도 자라났을 거고. 또한 가지, 일에 집중해서 몰입하는 경험은 아주 값진 것이라 생각해. 그러니 실패를 했지만 꼭 실패는 아닌 거지. 다음번에 더 멋진 로봇을 만들 수 있을 거야!"

첫째 "엄마 말을 듣고 보니 그러네. 진짜 열심히 만들었거든."

아이는 실패라는 부정적인 감정에 휩싸여 있었는데, 엄마의 진심 어린 공감에 마음이 조금은 풀린 듯했습니다.

첫째 "나는 숙제 안 하고 로봇만 만들다가 또 내가 실패했다고 짜증내서 엄마한테 혼날 줄 알았는데…. 이해해 줘서 고마워."

시도와 노력이라는 긍정적인 면을 보며 실패의 속상함을 떨쳐 냈습니다.

실패를 실패로만 바라보면 앞으로 나아갈 수가 없습니다. 결과에만 집착하게 되죠. 어떤 일을 시작하기도 전에 결과를 먼저 생각하게 됩니다. 이런 습관이 심해지면, 안 될 것 같은 일은 시도조차 하지 않게 되죠. 반대로 실패도 하나의 과정으로 생각한다면 어떤 일에 도전할 때 조금 더 수월하게 시도할 수 있습니다.

강점 집공부를 하다 보면 수많은 실패를 맞닥뜨리게 됩니다. 아이가 관심을 보이는 일은 작은 것이라도 시도해 보기 때문입니다. 이제는 계란프라이를 할 줄 아는 첫째 아이와 둘째 아이가 처음부터 계란프라이를 잘했던 것은 아니었습니다. 도전하는 과정에서는 계란을 태우기도 하고, 뒤집다가 찢어진 계란 때문에 속상해하기도 했습니다. 계란프라이를 하는 형을 부러워하던 둘째가 처음 계란프라이를 시도했을 때, 옆에서 제가 도와주고 있었는데도 약한 화상을 입었어요. 조금 더 기다렸다가 다음 해에 다시 시도했습니다. 가스 불 켜기, 프라이팬 다루기, 계란 깨기 등을 훨씬 더 매끄럽게 해내더군요.

강점 집공부를 하다 보면 이런 일이 자주 있어요. 이럴 때는 해 보고 안 되면 기다렸다가 다시 하거나 방법을 수정하기도 하지요. 아이

268

의 관심사가 꼭 지속되는 것도 아닙니다. 조금 하다가 그만두는 것도 아주 많아요. 하다 보니 재미가 없을 때도 있고 아이의 수준과 너무 차이가 나서 중단하기도 합니다. 하지만 강점 집공부에서는 이런 실패들이 아무런 문제가 되지 않습니다. 오히려 아이들이 여러 가지를 시도해 보고 또 실패해 보는 경험을 쌓아갈 수 있기 때문에 아이의 실패를 반기게 됩니다. 이 과정에서 아이들은 '삽질 정신'을 장착하게 됩니다. 별 성과가 없어도 해 보는 도전 정신이 생기는 것이죠. 실패에 대한 유연한 마음이 생깁니다.

세계적 수준의 대학에서도 학생들이 실패에 대한 인식을 바꾸는 데 도움을 주기 위해 노력하고 있습니다. 《생각이 바뀌는 순간》에서는 매사추세츠주의 노샘프턴에 있는 스미스대학교의 '잘 실패하기Failing Well' 프로그램을 소개합니다. 교수와 학생이 개인·업무적인 실패에 대한 이야기를 함께 나누는 프로그램인데요. 스탠퍼드대학교의 회복탄력성 프로젝트, 하버드대학교의 성공·실패 프로젝트, 펜실베이니아대학교의 진짜 표정 프로젝트Penn Faces 등 많은 대학에서 실패에 대한 프로그램을 진행하고 있습니다.

그중에서 프린스턴대학교 심리학 교수, 요하네스 하우스호퍼Johannes Haushofer는 '실패 이력서'를 개발해 자신이 경험한 학자로서의 경력 실패 사례를 모두 나열했습니다.

"내가 시도하는 일의 대부분이 실패로 끝납니다. 하지만 그런 실패는 잘 보이지 않습니다. 반면 성공은 쉽게 보이죠. 그래서 사람들에게 내가 하는 일은 뭐든 잘 풀린다는 인상을 주기도 한다는 사실을 알았습니다. 실패 이력서는 내 기록의 균형을 맞추고 사람들에게 올바른 관점을 심어 주기 위한 것입니다."

본인이 아닌 타인에게 실패는 잘 보이지 않습니다. 성공한 결과만 보이죠. 사람들은 성공한 이를 보면 결과를 부러워할 뿐, 그 과정에서 얼마나 많은 노력과 실패가 있었는지에는 무관심합니다. 성공을 했다는 것은 그전에 무수한 실패가 있었다는 전제가 있습니다. 실패를 패배로 보지 않고 또 다른 학습의 기회로 본다면 성공으로 가기 위한 과정에 불과할 것입니다. 아이들도 실패에 대한 관점을 이렇게 바꿔 본다면 강점을 찾아가는 길에 큰 힘이 될 것입니다. 아이들이 성공한 것만 기억하지 말고 아이들과 함께 실패한 것을 기록하면서 실패 이력서를 만들어 보는 것은 어떨까요?

우리는 아이가 실패를 경험하지 않게 하려고 남들과 같은 길로 달려가고 있습니다. 좀 더 나은 점수를 받고, 더 좋은 대학에 들어가는 것을 목표로 하게 되죠. 그 과정과 결과가 꼭 성공이 아닐 수 있습니다. 성공이라고 생각했던 것이 나중에 긴 인생의 관점에서 돌아보면 실패일 수도 있어요. 당장 입시에 집중하지 않는다고 실패에 대한 불안감을 가질 필요도 없습니다. 인생은 대입이 끝이 아니라 더 길게 이어지기 때문입니다. 대입 실패에 대한 관점을 다르게 한다면 우리 아이들의 강점을 찾는 일에 더 적극적인 자세로 임할 수 있으리라 생각합니다.

《위대한 나의 발견 강점혁명》에서 도널드 클리프턴과 톰 래스는 다음과 같이 말합니다.

> "재능을 진정한 강점으로 개발하려면 근력을 키울 때와 마찬가지로 연습과 노력이 필요하다. 예를 들어 커다란 이두박근을 만들 수 있는 잠재력을 가지고 태어났다 하더라도, 꾸준하게 단련하지 않으면 근육이 커지지 않는다. 하지만 천부적 재능이 없는 사람과 동일하게 노력한다면 재능이 없는 사람보다는 큰 이두박근을 얻을 것이다."

| 재능
자연스럽게 생각하고
느끼고 행동하는 방식 | × | 투자
연습, 기술 개발,
지식 기반 구축에
시간을 들임 | = | 강점
완벽에 가까운 성과를
지속적으로 내는 능력 |

이 공식대로라면 똑같이 투자 점수를 5점으로 준다고 했을 때 재능 점수가 5점인 사람은 25점, 재능 점수가 2점인 사람은 10점에 불과합니다. 재능을 찾는 것이 강점에는 아주 중요하죠. 같은 노력을 들인다고 했을 때 결과의 차이는 훨씬 더 크니까요. 하지만 반대로 생각해 봅시다. 같은 재능을 가지고 있다면 '투자'의 값에 따라서 강점의 크기가 달라집니다. 즉, 노력도 강점에 큰 영향을 미친다는 것이죠. 아무리 재능이 있어도 시간과 노력을 들이지 않으면 강점의 크기는 작아질 수밖에 없습니다.

강점을 진단해 주는 검사 도구인 태니지먼트에서는 강점을 '재능의 조합에 노력을 더해 개발한, 성과를 내는 역량'이라고 말합니다. 재능이 하나의 신경섬유 회로라면, 강점은 여러 가지 회로가 복합적으로 작용하여 나타나는 상위 레벨의 패턴이라고 보는 거예요. 재능은 잠재력, 강점은 재능이 개발된 역량입니다. 사고와 행동 패턴을 기반으로 적합한 지식과 경험이 쌓여야 실제 성과를 낼 수 있는 강점이 된다고 합니다. 여기에서도 마찬가지로 강점 개발을 위해서 '노력'을 강조하고 있죠. 위에서 말한 '투자'와 일맥상통합니다.

우리 아이들의 강점도 마찬가지입니다. 관심사를 찾는 것도 중요하지만, 그 관심사에 노력과 끈기가 더해졌을 때 강점이 될 수 있습니다.

아이가 종이접기를 좋아해서 한창 도서관에서 이 책 저 책 빌려서 종이접기를 할 때였습니다. 쉬운 책들은 시시했는지 하루는 조금 어려워 보이는 책을 골랐어요. 아이는 집에 가서 색종이를 꺼내 접기 시작했습니다. 로봇 종이접기였는데, 어른인 제가 보기에도 어려웠습니다. 그래도 꾸역꾸역 몇 개를 접었지만, 나중에는 설명서의 그림 자체를 잘 이해하지 못하는 수준까지 갑니다. 설명된 그림에서 한 단계 나아가는 것도 벅찹니다. 그림 설명이 이해되지 않으니 도저히 진도가 나가지 않죠. 완성의 길은 멀어 보입니다.

첫째 "엄마, 여기로 와 봐."

엄마 "무슨 일인데?"

첫째 "종이접기 이거 어떻게 하는 거야? 잘 모르겠어. 그림을 봐도 이해가 안 돼."

엄마 "어디 한번 볼까?"

속시원하게 아이를 도와주고 싶은 마음과는 다르게, 그림을 아무리 이리 보고 저리 봐도, 색종이를 이리 접고 저리 접어도 모르겠습니다. 저까지 마음이 답답합니다. "엄마도 잘 모르겠네. 어쩌면 좋지? 종이접기는 엄마보다 네가 훨씬 더 잘하니까 오늘은 쉬고 내일 다시 도전해 봐"라는 말로 상황을 마무리했고, 아이는 결국 며칠을 연구한 끝에 종이 로봇을 완성했습니다.

처음에는 스스로 원해서 시작한 일이니 재미있습니다. 새로운 일을 해 보는 자체도 즐겁고 하나하나 배워 가는 과정도 즐겁습니다. 그런데 어느 순간, 어려움을 겪는 시기가 옵니다. 벽을 만나게 되는 거죠. 그것이 익숙함에서 오는 '지루함의 벽'일 수도 있고, 한 계단을 넘어가야 하는 '실력의 벽'일 수도 있습니다. 아이가 강점 집공부를 하다가도 반드시 마주하게 되는 순간이죠. 그런데 대부분의 사람들은 이런 벽을 만나면 흐지부지 그만두고 맙니다. 내가 쉽고 즐겁게 해낼 수 있는 수준에서만 하는 거죠. 이렇게 되면 관심사에서 출발은 했지만 실력을 쌓기가 어려워요. 즉, 취미는 될 수 있으나 강점이 될 수는 없습니다.

벽을 만나 그것을 극복하기 위해 노력을 하고 마침내 그 벽을 극복해 냈을 때 그 벽은 계단이 됩니다. 한 단계 실력이 향상되는 거죠. 이런 과정을 반드시 거쳐야 강점으로 만들 수 있습니다. 이 과정을 경험해 보지 않으면 아이들은 실력을 쌓아가는 방법을 배우지 못합니다.

그럼 그 벽은 어떻게 극복할 수 있을까요? 끈기가 필요합니다. 하루하루 묵묵히 해야 할 일을 해내면서 충실히 시간을 보내려고 노력을 기울이는 것이죠.

'아이가 좋아하는 일이면 언제든지 즐거워야 하는 것 아닌가?'라는 의문이 들 수 있습니다. 하지만 아무리 좋아하는 일이라도 매너리즘에 빠질 수 있습니다. 또, 실력 향상을 위해서 반드시 마주해야 하는 순간이 있고요. 그렇지만 아이의 '관심사'라면 그 벽을 극복해 낼 가능성이 더 높습니다. 아이에게 그 일을 '좋아하는 마음'이 있으니 그것 자체가 큰 에너지가 되기 때문입니다. 다시 도돌이표죠. 아이가 '끈기'를 발휘

할 수 있는 힘을 가지려면, 관심사를 잘 찾는 것부터 시작해야 합니다.

👩 **엄마** "이제 정말 실력이 많이 늘었구나. 어려움을 만났다는 건 네가 어느 정도 수준이 되었다는 거야. 처음에는 보통 쉬운 것부터 시작하니까. 한 단계 실력을 높인 걸 축하해. 이제 2단계가 되었네. 여기서 이 어려움을 극복하면 실력이 한 단계 더 업그레이드 되는 거야. 3단계가 되는 거지."

👦 **첫째** "정말?"

👩 **엄마** "응, 그럼."

아이가 벽을 만나 힘들어할 때는 격려해 줍니다. 아이들은 레벨을 참 좋아합니다. 3단계가 될 수 있다는 말에 다 소진되었던 도전 의욕을 다시 채웁니다. 부모의 역할은 아이가 포기하고 싶어 할 때 한 발 더 내디딜 수 있는 용기와 에너지를 북돋아 주는 것이죠. 그 이후로 아이는 천천히 하나씩 종이 로봇을 만들어 갔습니다.

"엄마, 친구들이 나한테 종이접기 신이래."

어느 날, 아이가 한껏 들떠 집에 왔습니다. 학교에서 쉬는 시간에 친구들과 놀면서 종이접기를 가르쳐 주었는데, 친구들이 아이에게 붙여 준 별명이 무척이나 마음에 들었나 봅니다. 아이도 스스로 친구들에게 인정받고 있다는 느낌을 받았다고 합니다. 자기의 관심사를 쭉 이어 오면서 해 왔던 노력을 타인으로부터 처음 인정받은 겁니다. 그 이후로 아이는 종이접기에 더 자신감을 가지고 꾸준히 해 나갔습니다.

아이가 이렇게 끈기 있게 해낼 수 있었던 이유는 무엇일까요? 바로 아이가 좋아하는 일이기 때문입니다. 아이가 좋아하는 일이 아니었다면 몇 번 해 보다가 그만두었을 것입니다. 여러 시도 끝에 어려움을 극복하게 되면 아이는 더 큰 성취감을 느낍니다. 그 희열을 맛본 경험이 있는 아이는 또 노력하고 시도합니다. 그러니 더 잘하게 되죠. 좋아하는 것이 끈기로, 끈기가 성공으로, 성공은 다시 끈기 있게 해내는 동기가 되어 선순환이 일어납니다. 이런 선순환이 아이의 관심사를 강점으로 만들어 줄 것입니다.

참고 문헌

도서

◆《강점 발견》, 김봉준·장영학, 책비, 2019

◆《교실 속 즐거운 변화를 꿈꾸는 프로젝트 학습》, 강인애 외, 상상채널, 2021

◆《그냥 하지 말라》, 송길영, 북스톤, 2021

◆《긍정 심리학》, 마틴 셀리그만, 물푸레, 2020

◆《누가 초콜릿을 만들까?》, 이지유, 창비, 2014

◆《다중지능》, 하워드 가드너, 웅진지식하우스, 2007

◆《대체 불가능한 존재가 돼라》, 로드 주드킨스, 위즈덤하우스, 2015

◆《똑똑한 엄마는 강점스위치를 켠다》, 리 워터스, 웅진리빙하우스, 2019

◆《마지막 몰입》, 비즈니스북스, 짐 퀵, 2021

◆《멍 때리기의 기적》, 스리니 필레이, 김영사, 2018

◆《부정성 편향》, 존 티어니·로이 F. 바우마이스터, 에코리브르, 2020

◆《생각이 바뀌는 순간》, 캐서린 A. 샌더슨, 한국경제신문사(한경비피), 2019

◆《어디서 왔을까? 초콜릿》, 조경규, 좋아해, 2019

◆《여덟 단어》, 박웅현, 북하우스, 2013

◆《열 살, 좋아하는 것을 강점으로 만드는 15가지 방법》, 호쓰키 야스노부, 주니어김영
사, 2021

◆《위대한 나의 발견 강점혁명》, 톰 래스·도널드 클리프턴, 청림출판, 2017

◆《읽는 인간, 리터러시를 경험하라》, 조병영, 쌤앤파커스, 2021

◆《진로교육의 이론과 실제》, 한국진로교육학회, 교육과학사, 2011

◆《집중력, 마법을 부리다》, 샘 혼, 갈매나무, 2017

◆《초등 자존감 수업》, 윤지영, 카시오페아, 2019

◆《초콜릿 한 조각의 기적》, 사토 기요타카, 웅진주니어, 2022

◆ 《취미야 고마워》, 이유빈, 스마트비즈니스, 2019

◆ 《하루 3줄 초등 문해력의 기적》, 윤희솔, 청림Life, 2021

방송, 강연 및 영상

◆ 〈아이의 사생활〉, EBS

◆ 〈세상을 바꾸는 시간 15분〉 326회, 세상을 바꾼 작은 용기, 이환희

◆ 〈최강1교시〉, 판단과 의사결정에 숨은 심리, 김경일

◆ 〈학부모를 위한 진로레시피〉, 자녀의 진로 탐색 과정에서 학부모의 역할은?, 김경일

◆ 근대교육을 재판합니다, 유튜브(하태욱 번역 영상)

논문 및 기타 자료

◆ 2016 글로벌 평생교육동향 6월호, 국가평생교육진흥원

◆ 2022 개정 교육과정 시안, 교육부

◆ New Vision For Education, World Economic Forum, 2015, 2016

◆ Workforce Connections, Lippman, Laura H.; Ryberg, Renee; Carney, Rachel; Moore, Kristin A., Child Trends, 2015

웹 사이트

◆ 대한드론축구협회 https://dronesoccer.or.kr/

초강 집공부

1판 1쇄 인쇄 2023년 1월 15일
1판 1쇄 발행 2023년 1월 20일

지은이 진향숙
펴낸이 이윤규

펴낸곳 유아이북스
출판등록 2012년 4월 2일
주소 서울시 용산구 효창원로 64길 6
전화 (02) 704-2521
팩스 (02) 715-3536
이메일 uibooks@uibooks.co.kr

ISBN 979-11-6322-084-8 03370
값 17,000원